农村教师初职职业流动行为影响因素实证研究

肖庆业　张　贞　著

清华大学出版社
北京

内 容 简 介

本书以社会流动理论、教育公平理论、需求层次理论、人力资本理论、目标一致理论等学科理论为指导，从教育学、统计学、管理学、社会学、心理学等多学科相互融合的角度出发，以我国农村教师这一典型群体为研究对象，进行深入细致的实地调查和访谈，运用生存模型对我国农村教师初职职业流动行为进行实证研究。通过实证分析，挖掘农村教师不合理流动的深层次原因，并从政府政策层面、学校层面、教师层面、农村环境层面等多个层面提出相关对策建议，为优化师资结构，实现教育资源的合理配置，建立合理的教师流动渠道，推进我国农村教育事业的繁荣和发展提供客观依据。

本书可作为教育学、统计学、管理学、社会学等领域的研究、管理人员及高等院校相关专业师生学习的参考书。

本书封面贴有清华大学出版社防伪标签，无标签者不得销售。

版权所有，侵权必究。举报：010-62782989，beiqinquan@tup.tsinghua.edu.cn。

图书在版编目（CIP）数据

农村教师初职职业流动行为影响因素实证研究 / 肖庆业, 张贞著.

北京：清华大学出版社, 2024.11. -- ISBN 978-7-302-67600-3

Ⅰ.G451.2

中国国家版本馆 CIP 数据核字第 2024DZ8654 号

责任编辑：王　定
封面设计：周晓亮
版式设计：恒复文化
责任校对：马遥遥
责任印制：丛怀宇

出版发行：清华大学出版社
　　　　　网　　址：https://www.tup.com.cn，https://www.wqxuetang.com
　　　　　地　　址：北京清华大学学研大厦 A 座　　　　邮　编：100084
　　　　　社 总 机：010-83470000　　　　　　　　　　邮　购：010-62786544
　　　　　投稿与读者服务：010-62776969，c-service@tup.tsinghua.edu.cn
　　　　　质 量 反 馈：010-62772015，zhiliang@tup.tsinghua.edu.cn
印 装 者：三河市铭诚印务有限公司
经　　销：全国新华书店
开　　本：185mm×260mm　　　印　张：13.5　　　字　数：311 千字
版　　次：2024 年 12 月第 1 版　　印　次：2024 年 12 月第 1 次印刷
定　　价：98.00 元

———————————————————————————————————————

产品编号：105565-01

前　言

　　党的二十大报告指出，教育是国之大计、党之大计。培养什么人、怎样培养人、为谁培养人是教育的根本问题。育人的根本在于立德。要全面贯彻党的教育方针，落实立德树人根本任务，培养德智体美劳全面发展的社会主义建设者和接班人。要加强师德师风建设，培养高素质教师队伍，弘扬尊师重教社会风尚。

　　教师是立教之本，兴教之源。当前，我国农村教育发展取得了举世瞩目的伟大成就：全面普及了义务教育，乡村人口的平均受教育年限得到提升；经费投入机制日益完善，办学经费逐年增长；教师队伍建设成效显著，教师供给质量得到提升；办学条件不断改善。

　　农村教师是发展更加公平更有质量的农村教育的基础支撑，是推进乡村振兴、建设社会主义现代化强国、实现中华民族伟大复兴的重要力量。我国农村地域广阔，农村人口众多，农村教育的发展程度决定了我国基础教育的质量，农村教师队伍的稳定直接关系到农村教育事业的发展。党和政府高度重视农村教师队伍建设，始终立足时代发展前沿和国家发展全局，坚持党对农村教师队伍建设的领导，着重加强师德师风建设，全面提高农村教师素质能力，着力提升农村教师地位待遇，切实改善农村教师工作生活条件。

　　从20世纪90年代末开始，国家有关部委相继出台了一系列旨在加强农村教师队伍建设的政策文件，内容涉及待遇、编制、职称、补充、交流、培养、培训等多个方面，对师资配置和流动进行宏观调控和引导。同时各省市也积极响应文件精神，立足实际情况制定了地区农村教师队伍建设相关政策和文件。这些政策的实施在改善农村教师队伍结构，提高农村教师队伍素质，拓展农村教师补充渠道，推动薄弱学校的建设和发展等方面发挥了重要作用。

然而，由于农村经济发展相对滞后，农村教师生存状况仍面临挑战，农村教师流动和流失问题日益凸显，农村教师的流动呈现出无序性、单向性、盲目性等特征。这种不均衡和无序单向的农村教师流动造成了贫困农村学校师资缺乏与发达地区学校师资过剩共存的局面。教师资源分布的不均衡，严重阻碍了农村教育特别是农村义务教育的发展，影响了中国教育公平的实现。

对于教师流动，尤其是农村教师的不合理流动，国内外的学者根据各自国家的实际情况做了大量研究，在理论和实践上取得了丰富的研究成果，为后续研究的深入开展奠定了基础。然而，国内已有相关研究仍然存在一些问题，如研究方法单一、实证研究相对较少，研究视角有待进一步拓宽和融合，对农村教师流失原因的分析不够深入，解决对策操作性不强等。

对农村教师初职职业流动行为进行理论探讨和实证研究，总结农村教师初职职业流动规律，可以为探索有效的农村教师管理改革提供理论依据和指导，为制定合理的农村教师流动政策奠定基础。选取典型区域的农村教师作为研究对象，对其初职职业流动行为进行调查分析，可以让我们更直观地了解农村教师的生存状况和工作环境，并获得更深刻的认识，这对于稳定农村教师队伍、提升农村教师素质，以及推动农村教育的健康发展具有重要的现实意义。

本书在仔细梳理前人研究成果的基础上，对农村义务教育教师、教师流失等相关概念进行了明确界定，并对社会流动理论、教育公平理论、人力资本理论等相关基础理论进行了阐述，从而为本研究提供了坚实的理论支撑。结合我国农村实际情况，设计了"农村教师流动状况调查问卷"和访谈提纲，对江西、福建两省的 6 县 18 所农村学校的 420 名农村教师进行了系统调查，收集并整理了相关数据。根据调查数据，利用生存模型中的 Cox 比例风险回归分析方法和 Kaplan-Meier 分析方法，对农村教师初职职业流动行为进行了实证研究。在实证分析的基础上，针对农村教师流动的现状和问题，提出了具有可实施性的对策和建议，以促进农村教师有序、合理地流动，推动义务教育均衡发展。

本书分为 4 章。

第 1 章为导论。主要介绍研究背景、研究目的与研究意义、国内外研究现状、主要研究内容、研究思路，以及研究方法。

第 2 章为概念界定与理论基础。首先对农村教师流动问题所涉及的农村义务教育教师、教师流失等基本概念予以界定，接着对其所涉及的社会流动理论、教育公平理论、马斯洛需求层次理论、勒温的场论、库克曲线等基础理论予以介绍。

第 3 章为农村教师初职持续时间影响因素实证研究。首先利用单因素 Cox 比例风险回归模型和 Kaplan-Meier 分析方法从个体因素、家庭因素、学校因素、工作因素、社会因素和地区因素六个方面对农村教师初职持续时间影响因素进行实证分析，然后将单因素分析中差异有统计学意义的变量引入多因素 Cox 比例风险回归模型进行实证分析。

第 4 章为研究结论及政策建议。在实证分析的基础上，针对农村教师初职职业流动行为，分别从政府政策层面、学校层面、教师层面和农村环境层面提出解决问题的对策与建议。

本书获国家社会科学基金资助(西部项目 23XTJ004)、闽南师范大学学术著作出版专项经费资助以及闽南师范大学校内发展项目资助(MSFZ2023008)。

由于作者水平有限，书中难免有不足之处，还请各位专家和读者批评指正！

作　者
2024 年 6 月

目 录

第1章 导论 ·· 1
  1.1 研究背景 ·· 1
  1.2 研究目的与意义 ·· 5
    1.2.1 研究目的 ·· 5
    1.2.2 研究意义 ·· 5
  1.3 国外研究现状 ·· 6
    1.3.1 关于教师流动现状的研究 ···························· 6
    1.3.2 关于教师流动影响因素的研究 ···················· 7
    1.3.3 关于教师流动对策的研究 ·························· 14
  1.4 国内研究现状 ·· 18
    1.4.1 关于教师流动现状的研究 ·························· 18
    1.4.2 关于教师流动影响因素的研究 ·················· 21
    1.4.3 关于教师流动不良影响及后果的研究 ······· 38
    1.4.4 关于教师流动对策的研究 ·························· 42
  1.5 研究现状评析 ·· 47
  1.6 研究的主要内容 ·· 48
  1.7 研究思路 ·· 49
  1.8 研究方法 ·· 49
    1.8.1 文献法 ·· 50
    1.8.2 问卷法 ·· 50
    1.8.3 访谈法 ·· 51
    1.8.4 生存模型分析法 ·· 51

第2章 概念界定与理论基础············53

2.1 核心概念界定············53
- 2.1.1 义务教育············53
- 2.1.2 农村义务教育············54
- 2.1.3 农村义务教育教师············54
- 2.1.4 教师流失············54

2.2 研究的理论依据············55
- 2.2.1 社会流动理论············55
- 2.2.2 教育公平理论············56
- 2.2.3 需求层次理论············56
- 2.2.4 勒温的场论············57
- 2.2.5 库克曲线············58
- 2.2.6 组织寿命理论············59
- 2.2.7 人力资本理论············60
- 2.2.8 目标一致理论············61
- 2.2.9 推拉理论············62

第3章 农村教师初职持续时间影响因素实证研究············63

3.1 农村教师初职持续时间单因素分析············63
- 3.1.1 变量与方法············63
- 3.1.2 个体因素对农村教师初职持续时间的影响············68
- 3.1.3 家庭因素对农村教师初职持续时间的影响············109
- 3.1.4 学校因素对农村教师初职持续时间的影响············124
- 3.1.5 工作因素对农村教师初职持续时间的影响············136
- 3.1.6 社会因素对农村教师初职持续时间的影响············144
- 3.1.7 地区因素对农村教师初职持续时间的影响············156

3.2 农村教师初职持续时间多因素Cox比例风险回归分析············158
- 3.2.1 变量选取············158
- 3.2.2 模型估计结果············159
- 3.2.3 结果分析············162

第4章 研究结论及政策建议 ········ 169
4.1 研究结论 ········ 169
4.2 政策建议 ········ 171
4.2.1 政府层面 ········ 171
4.2.2 学校层面 ········ 173
4.2.3 教师层面 ········ 175
4.2.4 农村环境层面 ········ 176

参考文献 ········ 179

第1章 导 论

本章首先从研究背景出发，结合当今社会的政策和现实背景，深入分析国家在教师流动问题上所做出的努力以及仍然存在的问题；随后，明确本研究的研究目的、理论意义和实践意义；接着，对国内外教师流动问题的相关文献进行回顾和梳理，吸取学者们的研究经验；在此基础上，阐述本研究的主要研究内容；最后，指出本研究的具体研究思路以及研究方法。

1.1 研究背景

农村教师是发展更加公平、更有质量农村教育的基础支撑，是推进乡村振兴、建设社会主义现代化强国、实现中华民族伟大复兴的重要力量。我国农村地域广阔，农村人口数量庞大，农村教育的发展程度决定了我国基础教育的质量，农村教师队伍的稳定直接关系到农村教育事业的发展。自 20 世纪 90 年代以来，国家有关部委相继出台了一系列与农村教师队伍建设紧密相关的政策文件，内容涉及待遇、编制、职称、补充、交流、培养、培训等多个方面，对师资配置和流动进行宏观调控与引导。1996 年国家教育委员会颁布的《关于"九五"期间加强中小学教师队伍建设的意见》提出，"要建立教师流动的有效机制，采取切实的政策措施，鼓励教师从城市到农村，从强校到薄弱学校任教"。1999 年发布的《中共中央、国务院关于深化教育改革全面推进素质教育的决定》明确指出："各地要制定政策，鼓励大中城市骨干教师到基础薄弱的学校任教或兼职，中小城市(镇)学校教师以各种方式到农村缺编学校任教，加强农村与薄弱学校教师队伍建设。"2003年9月，国务院颁发了《关于进一步加强农村教育工作的决定》，明确农村教育在全面建设小康社会中的重要地位，把农村教育作为教育工作的重中之重，要求加快推进农村中小学人事制度改革，大力提高教师队伍素质。2005年《教育部关于进一步推进义务教育均衡发展的若干意见》提出，要从师资、信息化、设备、待遇、编制、职称等多个方面，加大对农村和薄弱学校的政策倾斜力度。2006年修订颁布的《中华人民共和国义务教育法》强调："县级人民政府教育行政部门应当均衡配置本行政区域内学校师资力量，组织校长、教师的培训和流动，加强对薄弱学校的建设。"2010年颁布的《国家中长期教育改革和发展规划纲要(2010—2020年)》明确提出："加快薄弱学校改造，着力提高师资水平。实行县(区)域内教师、校长交流制度。""加快缩小城乡差距。建立城乡一体化义务教育发展机制，在财政拨款、学校建设、教师配置等方面向农村倾斜。"2013年11月十八届三中全会通过的《中共中央关于全面深化改革若干重大问题的决定》把实行校长、教师交流轮岗作为统筹城乡义务教育资源均衡配置，办好人民满意教育的一项重要举措。2015年6月出台的《乡村教师支持计划(2015—2020年)》提出要从乡村教师的思想政治素质、补充渠道、生活待遇、编制核定标准、职称评定，以及城乡教师交流举措、乡村教师能力素质、乡村教师荣誉制度等八方面精准发力，努力造就一支素质优良、甘于奉献、扎根乡村的教师队伍。2018年1月中共中央、国务院印发的《关于全面深化新时代教师队伍建设改革的意见》提出："拿出务实举措，帮助乡村青年教师解决困难，关心乡村青年教师工作生活，巩固乡村青年教师队伍。在培训、职称评聘、表彰奖励等方面向乡村青年教师倾斜，优化乡村青年教师发展环境，加快乡村青年教师成长步伐。为乡村教师配备相应设施，丰富精神文化生活。"2018年2月教育部出台的《教师教育振兴行动计划(2018—2022年)》中的"乡村教师素质提高行动"提出，"各地要以集中连片特困地区县和国家级贫困县为重点，通过公费定向培养、到岗退费等多种方式，为乡村小学培养补充全科教师，为乡村初中培养补充'一专多能'教师，优先满足老少边穷岛等边远贫困地区教师补充需要"。2019年6月中共中央、国务院发布的《关于深化教育教学改革全面提高义务教育质量的意见》提出："进一步实施好'国培计划'，增加农村教师培训机会，加强紧缺学科教师培训。实施乡村优秀青年教师培养奖励计划，定期开展教学素养展示和教学名师评选活动，对教育教学业绩突出的教师予以表彰奖励。""加大县域内城镇与乡村教师双向交流、定期轮岗力度，建立学区(乡镇)内教师走教制度。进一步实施好农村教师'特岗计划'和'银龄讲学计划'。""落实乡村教师乡镇工作补贴、集中连片特困地区生活补助和艰苦边远地区津贴等政策，有条件的地方对在乡村有教学任务的教师给予交通补助。"2020年6月教育部办公厅发布的《关于进一步做好乡村教师生活补助政策实施工作的通知》要求，根据乡村学校艰苦边远程度，完善乡村教师生活补助差别化政策，合理划分补助的档次及标准，实行有差别的补助政策，不断提升乡村教师待遇。2020年7月教育部等六部门发布的《关于加强新时代乡村教师队伍建设的意见》提出，要结合乡村教育需要，探索构建招聘和支教等多渠道并举，高端人才、骨干教师和高校毕业生、退休教师多层次人员踊跃到乡村从教、支教的格局；创新教师公开招聘办法，鼓励人才到乡村任教。2021年7月教育部等九部门印发的《中西部欠发达地区优秀教师定向培养计划》要求加强中西部欠发达地区教师定向培养，造就一批有理想信念、有道德情操、有扎实学识、有仁爱之心的"四有"好老师，推动巩固拓展教育脱贫攻坚成果同乡村振兴有效衔接。2021年12月教育部等九部门印发的《"十四五"县域普通高中发展提升行动计划》提出，要促进县中与省市普通高中协调发展，严禁发达地区、城区学校到县中抢挖优秀校长和教师，并加大县中教师补充力度，优化教师资源配置，从而加快缩小县中与省市高中办学差距。2022年4月教育部等八部门印发的《新时代基础教育强师计划》要求，深入推进县域内义务教育学校教师"县管校聘"管理改革，重点加强城镇优秀教师、校长向乡村学校、薄弱学校流动，发挥优秀教师、校长的辐射带动作用，扩大优质资源覆盖面，整体提升学校育人能力。2023年6月中共中央办公厅、国务院办公厅印发的《关于构建优质均衡的基本公共教育服务体系的意见》要求，优先发展乡村教育，健全控辍保学长效机制，加强义务教育巩固情况年度监测，持续提升九年义务教育巩固水平。实施校长教师有序交流轮岗行动计划，完善交流轮岗保障与激励机制。推动优秀校长和骨干教师向乡村学校、办学条件薄弱学校流动。制定校长和优秀骨干教师交流轮岗具体实施方案，加快实现县域内校际间师资均衡配置。

同时，各省市县也积极响应文件精神，结合实际情况制定了地区农村教师队伍建设相关政策和文件，如湖南省教育厅出台了《湖南省县域内义务教育学校教师均衡配置指导意见》，江西省教育厅出台了《江西省教育事业发展"十三五"规划》，福建省教育厅出台了《福建省教师教育振兴行动计划(2018—2022年)》，四川省教育厅等九部门印发了《四川省"十四五"县域普通高中发展提升行动计划实施方案》，随州市教育局印发了《随州市教育精准脱贫攻坚三年行动工作方案》，肥东县人民政府办公室印发了《肥东县乡村教师支持计划(2015—2020年)》，等等。

这些政策的实施在改善农村教师队伍结构不合理现状、提高农村教师队伍素质、拓宽农村教师补充渠道，以及推动薄弱学校的建设和发展方面发挥了重要作用。

但由于农村经济发展滞后，农村教师的生存状况较为严峻，农村教师流动和流失的问题日益严重，农村教师的流动呈现出无序性、单向性、盲目性等特征，主要表现在以下几个方面。第一，在数量上，农村教师流失整体呈逐年上升的趋势。第二，在流动的方向上，大多表现为"单向向上流动"，即从贫困、偏远的农村向乡镇流动，从乡镇向城镇(市)流动，从普通学校向示范性学校、重点学校流动，从工资待遇低、工作环境差的学校向工资待遇高、工作环境好的学校流动，从经济发展较为落后的中西部地区向经济文化发达的东部沿海地区流动。第三，在流动的方式上，自动离职的比例越来越高，处于一种盲目、无序、失控的状态，大多是在个人利益驱使下进行的职业流动，而非由政府部门组织和主导的。农村教师通过流动获得更高的经济待遇、更好的工作和生活条件以实现自身利益最大化。第四，在学科分布上，语文、数学、英语等基础学科及音乐、美术等热门课程的教师流动率较高，这是由于这些学科社会待遇好、需求量大；而历史、地理、生物、政治等副科教师流动率低，处于相对平衡稳定的状态。无序且单向的农村教师流动导致了贫困农村学校师资缺乏与发达地区学校师资过剩共存的局面。教师资源分布的不均衡，严重阻碍了农村教育特别是农村义务教育的发展，影响了中国教育公平的实现。

当前农村学校教师初职持续时间现状如何？农村教师初职持续时间是否有差异？哪些农村教师初职持续时间更长？农村教师流动去向有什么特点？影响农村教师初职持续时间的显著性因素有哪些？如何更好地吸引和稳定农村教师队伍？针对这些问题，本研究基于江西和福建两省6个县18所农村学校的420名教师的问卷调查数据，考察农村教师职业流动呈现哪些特征，利用生存模型中的Cox比例风险回归分析和Kaplan-Meier分析方法比较不同农村教师群体初职持续时间是否存在差异，探讨各研究因素对农村教师初职持续时间的影响。本研究旨在通过实证研究，挖掘农村教师不合理流动的深层次原因，并提出相关对策建议，为优化师资结构，实现教育资源的合理配置，建立合理的教师流动渠道，推进我国农村教育事业的繁荣和发展提供客观依据。

1.2 研究目的与意义

选取典型区域农村教师作为研究对象，对农村教师初职职业流动行为进行调查分析和实证研究，总结农村教师初职职业流动规律，不仅能让我们对农村教师的生存状况和工作环境有更直观的了解和更深刻的认识，还能为探索有效的农村教师管理改革提供理论上的依据和指导，为制定合理的农村教师流动政策提供有力支持。

1.2.1 研究目的

本研究拟通过对农村教师初职持续时间的影响因素的实证分析，达到以下研究目的。

(1) 分析不同农村教师群体初职持续时间的生存分布是否存在差异。

(2) 研究当前农村教师初职持续时间主要受哪些因素影响。

(3) 农村教师职业流动状况呈现出什么样的特征。

(4) 探索如何建立新形势下规范、有序、科学的农村中小学校教师流动管理制度，以促进农村学校师资合理、有序流动，推动农村教育事业健康、协调发展。

1.2.2 研究意义

1. 理论意义

本研究的理论价值主要体现在以下方面。

(1) 为促进我国义务教育均衡发展提供了重要的理论参考。我国教育的发展首先需要考虑的是农村中小学教育，而加强农村的教师资源配置又是农村中小学教育发展的重点。对农村教师流动问题进行理论探讨和实证研究，不仅有助于稳定农村教师队伍，促进农村教育的健康发展，同时对于推进城乡义务教育均衡发展具有重要的意义。

(2) 有利于丰富教师管理理论，为探索有效的教师管理改革提供重要的理论参考。

(3) 为修订完善教师流动政策提供了重要的理论支撑。目前我国教师流动机制还处于构建阶段，尽管我国已出台了一些相关政策，但在具体的实施过程中仍存在诸多问题，也尚未形成全国范围的规范性教师流动机制，因此，本研究对于制定合理的教师流动政策与制度具有指导意义。

2. 实践意义

本研究的实践价值主要体现在以下方面：对农村中小学教师流动现状的调查与研究，首先可以使我们对农村教师的生存状况和工作环境有更深入、更直观的了解，对稳定、发展农村教师队伍，促进师资结构整体优化具有重要的现实意义；其次可以反映出农村教师队伍的流失状况，以及在流动过程中遇到的困难，帮助农村中小学教师树立正确的流动意识，选择合理的流动方式以促进其职业发展；最后，能为当地政府在教育政策上提供参考建议，使其能够认识到农村教师流动机制中存在的不足，着眼于当地现实，发掘优势并解决问题。

1.3 国外研究现状

国外对教师流动研究起步较早，不仅有着多维度的研究视角和多样化的研究方法，而且在研究成果方面既有深刻的质性研究，又有丰富的实证研究。其研究的内容可以概括为三大方面：一是对教师流动现状的研究；二是对教师流动影响因素的研究；三是促进教师合理化流动策略的研究。

1.3.1 关于教师流动现状的研究

以美国为例，美国教师流动呈现出流动量大，城市转校率高，农村教师流失率高等特征。

卓越教育联盟(2005)研究指出，在美国的350万名公立学校教师中，每年大约有50万名教师流动，其中大约60%的教师选择转校。

根据美国国家教育统计中心的统计数据，2012—2013学年，城市学校有9.7%的教师转校，比例明显高于郊区。与城市学校不同的是，从流动类型看，农村学校流失教师比例要高于转校教师，其教师流失率明显高于郊区学校(7.3%)和城市学校(7.9%)。

Minor Elizabeth Covay 等(2019)利用密歇根州的八年全州纵向数据考察了教师在学年中不同时间点的流动情况。结果发现，在八年期间，有 3.2%~15.5% 的教师离开了他们的学校。流动率随学年时间的不同而变化，年底离开的教师人数多于年中。

Goldhaber Dan 和 Theobald Roddy(2022)使用华盛顿公立学校教师三十五年的数据，计算了几种不同教师流失和流动衡量指标，探讨了这些比率如何随时间变化以及它们与国家失业率的关系。在过去的三十五年中，每年教师从劳动力中的流失率都在 5%~8%，并且失业率与流失率之间存在很强的负相关关系。

1.3.2 关于教师流动影响因素的研究

国外对于教师流动影响因素的研究，主要是对教师的背景特征、工资待遇、学校管理、工作环境等方面进行分析。

1. 教师个人因素

关于个人情况对教师流动性的影响，是国外学者研究的重点。

David Grissmer 和 Kirby Sheila Nataraj(1997)研究发现，在职业生涯的前五年，女教师比男教师更倾向于社会流动，在职业生涯的中后期，教师的社会流动比率在男女之间趋于相同。

Stinebrickner T. R. (2002)发现教师的流失与教师的婚姻状况、家庭规模等密切相关。这是因为教师以年轻女性居多，她们是否会继续留任，很大程度上取决于她们是否有孩子。

Elaine Allensworth、Stephen Ponisciak 和 Christopher Mazzeo(2009)以芝加哥公立学校为例，通过对其教师流动的影响因素进行分析得出，影响教师流动的第一因素是年龄。据统计，芝加哥公立学校 30 岁以下教师的流动率最高，流动最为频繁，其次就是 30 岁到 40 岁之间的教师，50 岁以上的教师基本上不会发生变动；第二就是经验，经验越丰富的教师流动率越高，流动越频繁，更倾向于向更好的学校流动。

Li Feng 和 Tim R(2011)认为能力强的教师和能力弱的教师流动性更大，能力一般者则倾向于稳定，流动性小。

根据美国国家教育统计中心统计数据(2014)，入职不到三年的教师流动率超过20%，其中入职一年及以下的教师、入职两年的教师转校率分别为13.4%和14.5%，流失率分别为7.6%和7.5%，明显高于平均水平。

Rashid A. Chikoyo、Gabriel K. Nzalayaimisi 和 Godfrey G. Telli(2019)评估了教育资格对乞力马扎罗和马尼亚拉地区公立中学教师流失的影响。研究采用横断面研究设计，该研究的样本规模为140名受访者，研究采用简单随机和滚雪球抽样，定量数据采用描述性统计和二元 Logistic 回归模型进行分析。研究结果表明，教师学历和教师入职培训资格影响教师流失。

Elyashiv Rinat Arviv 和 Navon Yael(2021)在对10 340名以色列幼儿园至12年级教师的抽样调查中发现，许多离开该职业的初任教师受教育程度相对较高。

Maxwell Kangeol(2022)调查研究了赞比亚卢夫瓦尼亚马区农村公立中学教师流失的影响因素。调查样本包括区中学教师、教育干事和班主任，共计222名受访者。采用简单随机抽样技术选取样本。利用多元回归模型来确定与教师离职显著相关的变量。研究发现，糟糕的道路网络、通讯网络系统落后、恶劣且艰苦的工作条件、政治干预、对农村地区的消极态度、婚姻状况和住宿不足等是影响卢夫瓦尼亚马区教师流动的关键因素。此外，研究还发现，教师的人口统计学变量，如婚姻状况和受教育程度，显著预测了他们寻求转移到其他地区或放弃教师职业的意向。

2. 经济因素

国外多项研究表明，工资水平是影响教师职业吸引力和留住教师的直接因素，即教师工资水平越高，越能吸引更多的优秀人才去学校任教，教师留任的可能性也越大。

Murnane 和 Richard J. (1989)在一项研究中指出，工资收入、机会成本与教师流失率存在相关关系，即工资收入越高，工作时间越长，流失率越低；而机会成本越高，流失率越高。

Hanushek E. A. (1989)通过分析公立学校和私立学校之间的流动来研究教师工资和教师流动之间的关系。研究表明，教师流动和工资水平之间有非常大的相关性。

Stinebrickner T. R. (2002)使用美国阶层跟踪调查数据发现，与降低生师比等改善工作条件因素相比，工资对延长教师任职时间的作用更大。

Hanushek E. A.等人(2004)的研究发现,贫困地区的教师待遇往往非常低,这使得教师大量流失。研究同时发现,较低待遇不仅使待遇差的农村小学在职教师流失,而且使待遇较好的地区也同样出现教师流失的情况。原因是待遇优越地区实行提高教师退休金制度后,部分教师愿意提前退休,从而导致老年教师流失。

Sangyub Ryu 和 Yusuke Jinnai(2020)采用固定效应模型,对北卡罗来纳州学校部分教师的面板数据进行分析,以检验货币激励对教师离职的影响。研究发现教师工资与离职之间存在 U 形关系,而基于群体的绩效工资对离职的影响取决于工资水平。

Kamau Onesmus、Muathe Stephen M. A.和 Wainaina Lawrence(2021)采用两阶段随机抽样方法选取肯尼亚 Murang'a 县公立中学 40 所学校 400 名教师作为样本,实证分析薪酬、职业管理、绩效考核和培训对离职意向的影响。研究发现,在肯尼亚 Murang'a 县,薪酬和培训显著影响教师的离职意愿,而职业发展和绩效考核对公立中学教师的离职意愿影响不显著。

Siddiqui Nadia 和 Shaukat Sadia(2021)基于巴基斯坦旁遮普市 1002 名公立学校和私立学校教师的调查数据,探讨了教师流动的程度和决定因素。调查结果显示,教师更换学校主要是为了获得更高的薪酬福利,而其他常见的原因是教学资源不足、通勤困难、生师比管理不力,以及教学生涯中缺乏晋升机会。与私立学校相比,公立学校的教师流动稍高。

Elyashiv Rinat Arviv 和 Navon Yael(2021)在对 10 340 名以色列幼儿园至 12 年级教师的抽样调查中发现,工作报酬在教师的职业决策中发挥着重要作用。

3. 学校管理因素

国外相关研究指出,学校管理方式会影响教师留任选择,例如民主化管理、适宜的评价制度等,都有利于减少教师的流失。

美国学者 Brewer Dominic(1996)通过对纽约近十年招聘教师的基本情况进行抽样调查,发现学校不同的管理方式对教师的行为有一定的影响。更加适宜的评价制度和民主化管理方式,能够有效降低教师的流失率。

Richard M. Ingersoll(2001)对 3000 名教师进行调查研究后发现,学校的特征会影响教师流动率和流失率。一般而言,学校的规模越大,其教师流动率和流失率反而越低。

Figlio David N. (2002)认为，影响教师流动的主要因素是学校的问责制度。当一所学校的问责制度越宽松、等级越高，越有利于吸引教师；相反，问责制度越严格、等级越低的学校，越不利于留住教师。

Karen M. Jackson(2012)利用1999—2000年学校和教职员工调查数据进行的一系列多项Logistic回归分析发现，教师对学校政策影响力的增加与更高的教师工作稳定性相关，而校长对学校政策影响力的增加与更高的教师离职率相关。

Aminu Aliyu Wushishi 和 Foo Say Fooi 等(2014)探讨了尼日利亚尼日尔州教师流失的影响。该研究调查了五名在职教师，采用深度访谈、非参与式观察和文献分析等数据收集手段。研究发现，工作成本高、工作量增加、学生成绩差和学校行政负担重是教师流失的主要影响因素。

Cara M. Djonko Moore(2015)利用国家教育统计中心2007—2009年度的调查数据，采用多水平多项式Logistic回归考察教师特征、学校设置特征和学校氛围对教师流失的影响，重点关注学校氛围变量之间的交互作用。研究结果表明，学校氛围变量预测流动的可能性增加，教师特征、学校环境和教师对学校氛围的感知预测教师流失的可能性增加。

Matthew A. Kraft、William H. Marinell 和 Darrick Shen-Wei Yee(2016)研究了纽约市中学的学校组织情境、教师流动和学生成绩之间的关系。研究发现，学校领导力的改善，特别是在学术期望、教师关系和学校安全方面的改善都与相应的教师流失减少独立相关。

Bruce Fuller、Anisah Waite 和 David Torres Irribarra(2016)通过分析洛杉矶学校548名教师的数据发现，与高中阶段的教学相比，小学教师的组织凝聚力水平更高，内在动机更为显著。教师对学校凝聚力的感知与内在动机呈中度相关。基于结构方程估计和IRT调整后的测量模型，强领导和教师凝聚力的观点更强烈地预测了留在学校的可能性。

A. Chris Torres(2016)的研究表明，教师对学校领导的感知和信任是教师离职的两个最有力的预测因素。

Nicole R. Robinson(2018)旨在考察十年间(1999—2000年至2009—2010年)美国一个大型城市学区的中学合唱与乐队项目教师流动情况。总体而言，该城区中学音乐教师流失与招生、少子化及停课事件呈负相关。

Gui Gabriela E. (2019)调查了来自密歇根州西部和东南部的300多名教师，探讨了校长及其领导能力对教师决定离开学校、学区或教师职业的影响，以及不同背景的教师如何受到学校校长素质和工作环境的影响。研究结果显示，校长在建设积极的学校文化中的作用，以及校长的行为、实践和领导能力显著影响教师满意度和留任意向。

Jihyun Kim(2019)认为早期职业生涯教师(ECT)离职是一个至关重要的问题；与有经验的教师相比，教师流失率在 ECT 中明显较高。该研究通过使用具有全国代表性的大规模数据，初任教师纵向调查(BTLS)来研究校长领导力如何影响 ECT 离职。研究发现，在最初的五年里，校长领导力与 ECT 离开学校的概率有着一致的负面影响。在校长领导力的各个方面中，与学生行为管理相关的校长领导力与 ECT 离职的关联性最强。相比之下，主要领导层与离职的 ECT 之间的联系并不显著。

Bickmore 和 Sulentic Dowell(2019)考察了特许校长的职业倾向及其对教师离职的影响，分析表明，校长的性格与影响工作条件的实践活动有关，进而可影响教师离职。

Jason A. Grissom 和 Brendan Bartanen(2019)基于田纳西州的教师纵向数据研究了校长效能与降低教师平均流失率之间的关系，研究发现，更有效能的校长平均有更低的教师流失率。

Gonzalez-Escobar M.和 Silva-Pena I.等人(2020)分析了拉丁美洲教师流失的原因，研究发现学校生活不顺畅是教师离开教学生涯的主要原因。

Katariina Rasanen 和 Janne Pietarinen 等人(2020)基于芬兰综合学校教师 2010 年和 2016 年的纵向调查数据，探讨芬兰教师离职意向背后的原因。结果显示，50%的教师有离职意向。缺乏专业承诺以及与学校制度和工作量有关的因素是教师有离职意向的主要原因。

William Everitt(2020)的研究支持了领导力是影响教师离职率的重要因素的观点。

Gjefsen Hege Marie 和 Gunnes Trude(2020)研究学校问责制的引入如何影响教师流动。该研究使用双重和三重差分估计量，结果表明改革后教师流动大幅度增加，大多数因改革而改岗的教师离开了这个职业。

Tuan D. Nguyen(2021)从学校组织角度对美国教师流失的原因进行分析，研究显示学校中的行政支持力度、校长领导能力及教师之间的合作程度都会对教师流失造成影响。尤其对于低收入学校，其组织特征对教师流失产生的影响更加明显。

Al Mahdy Yasser F. Hendawy 和 Alazmi Ayeshah A. (2023)采用结构方程模型

对 392 名公立学校教师的数据进行分析。研究结果表明，校长支持对教师离职倾向具有间接影响，并受到教师工作满意度的显著中介作用。

4. 工作环境因素

国外许多学者都认为，工作环境和条件与教师的流失息息相关。在一些工作环境和条件较差的学校很难吸引到一批优秀的教师，并且入职后教师对工作满意度较低，流失可能性大。

Ankhara Dove(1982)研究指出，发展中国家工作条件差的农村地区很难吸引到富有经验的教师，而且教师的流失率极高。

Schonfield. I. S. (1990)对 255 名美国女性教师的调查表明，条件越差的学校，教师的压抑程度也越严重，流失率越高。

美国学者 Ferguson Ronald(1991)对得克萨斯州公立学校的研究表明，经济越发达的地区，学校的工作环境越好，工作的条件相对就好，这些地方优秀有经验的教师就越多，教师的流失率和流动率越低，也就是说工作环境越好对教师的吸引力越强，反之越弱，工作环境的好坏直接关乎教师的流动。

Weiss C. H. (1993)基于美国国家教育中心的统计数据，研究了从业一年的教师的流失与工作条件的关系，认为教师的流动与工作条件的高低直接相关。

M. Scott Norton(1999)认为，教师流失与工作条件密切相关，如上级行政领导的支持，学校组织情境，教师的教学自治，学生行为和家长支持等。

Richard M. Ingersoll(2001)指出，教师流失率高的主要原因在于学校管理不完善、工资待遇不好、学生纪律问题以及教师对学校的参与权不够。

Song Ji、Hoon Martens 和 Jon McCharen(2011)考察了职业技术教育中支持性学习文化建构、学校创新氛围、任务相关工作自主性与教师离职倾向之间的结构关系。该研究采用结构方程模型，分析了某州职业技术教育(CTE)系统中教师和管理人员的调查反应。经统计验证的测量模型显示，组织文化方面显著、直接地影响了更低的离职意愿，而任务相关工作自主性的行为建构则没有。作者认为，CTE 教师的工作自主性与其他专业教师不同，支持性学习氛围和学校领导对创新校风和减少离职至关重要。

Ismail Hussein Amzat 和 Rawdha Khalfan(2014)研究发现，与教学相关的问题是导致教师离职和不满的首要因素，其次是工资和晋升。路径分析表明，教学负荷和晋升对教师离职有直接的因果关系。

A. O. Okubanjo(2014)采用分层简单随机抽样的方法，从奥贡州伊杰布北部地方政府辖区的 100 所小学中抽取 20 所小学的 200 名小学教师作为研究对象，考察了组织承诺和工作满意度对小学教师离职倾向的预测力。结果显示，组织承诺与内在动机综合在一起时，决定了小学教师离职倾向。研究结果还表明，组织承诺对小学教师离职倾向的预测力最强。

Stephane Bonhomme、Gregory Jolivet 和 Edwin Leuven(2016)收集了荷兰小学教师的样本数据，研究发现，当前工作属性与外部工作属性之间的依赖关系会影响教师的流动，进而影响教师在学校间的配置。

Fatsani Thomas Kafumbu(2019)基于马拉维公立中学 120 名中学教师的调查发现，教师的工作满意度与其离职意向有关，而且除学校类型外，人口统计学特征对这种关系有重大影响。

Elyashiv Rinat Arviv(2019)的研究显示，促使教师决定离职的主要原因与紧张的工作环境和恶劣的工作条件有关。

Lixia Qin(2020)利用 32 个 OECD(经济合作与发展组织)成员国教师和学校的大样本数据估计了一组离职意愿的三级 HLM 模型。研究结果表明，教师离职意向在国家间和国家内的学校间差异很大。跨层互动分析表明，国家背景可能调节了工作条件与教师离职意向之间关系的性质或强度。

Krzysztof Karbownik(2020)利用斯德哥尔摩高中调查数据考察了学生能力对教师流动的影响。结果表明，学生资格证书每增加 10 个百分点，就会使离职概率下降 10 个百分点。这些影响在不同的教师群体中有所差异，主要表现为学校之间的流动，而非职业之外的流动。

Wronowski Meredith Lea(2020)采用国家教育统计中心的《学校和人员配备调查》(SASS)和《教师跟踪调查》(TFS)数据，考察 20 世纪 90 年代中期至 21 世纪初问责制政策背景下教师的去专业化和去道德化感知与其离职的关系。该研究采用分层线性模型比较了公立和私立学校教师之间这种关系在不同时间的变化。结果表明，在问责政策实施期间，教师去职业化与离职的关系显著下降，而教师去道德化与离职的关系显著上升。

Madigan Daniel J.和 Kim Lisa E. (2021)基于多元回归分析表明，职业倦怠和工作满意度共同解释了教师离职意向 27%的变异。

Stock Wendy A.和 Carriere Danielle(2021)利用基于特殊教育入学("奖金制度")或基于学生总入学("人口普查制度")的国家特殊教育资助体系的差异，评估资助体系是否影响教师流动、教师专业、特殊教育入学、国家教育支出、平均班级规模和教师努力。研究发现，普查经费的实施减少了特殊教育招生，增加了特殊教育教师的流动。相对于同行，特殊教育教师在本州实施人口普查经费后更有可能跨校流动，流动率增加了 5 个百分点，更有可能转到普通教育教学上来。

Hwang NaYoung 和 Fitzpatrick Brian(2021) 使用印第安纳州的行政数据调查小学男教师的流动行为，研究表明，有 10%或更多有停课史学生的教师更有可能流动到另一所学校，16.2%的教师更有可能离开该州的教师队伍。

1.3.3 关于教师流动对策的研究

国外在解决教师不合理流动问题上，主要倾向于通过制定一系列政策法规和教师流动制度来应对，例如美国的"教师补给政策"和"福利制度"、英国的"教育优先区"制度、日本的"教师定期流动制度"、韩国的"教师互换制度"，以及法国的"教师统一分配政策"和"教育立法"等。以下是其中五个国家在应对教师不合理流动问题上采取的具体措施和制度。

1. 美国的"教师补给政策"和"福利制度"

自 20 世纪 60 年代以来，为了应对教师流失问题，美国政府相继出台了"教师补给政策"和"福利制度"。

美国教育部实施了学校与教师调查及教师追踪调查。教师追踪调查是基于过去一年中小学教师接受调查的样本，以决定教师在第二年的去留。追踪调查的教师主要有以下三种：第一种是两个学年都在同一学校的留任教师；第二种是两学年不在同一学校的流动教师；第三种是任教一学年辞职的教师。基于对中小学教师流动的调查以及对调查数据和结论的分析，美国政府、教育机构及相关部门通过各种途径补充教师资源，以应对教师留任危机。美国学校在人才录用和管理机制上，采用聘任制，并将用人权与聘任权相分离。教师的选择不仅需要考虑学校发展的实际需求，还要融合学生、家长和学校董事部门的意见。针对中小学教师流动所带来的问题，美国启动新教师支持计划，加大对新教师的工作支持力度。

在工资福利待遇方面，美国政府为教师提供了全面的福利待遇，几乎涵盖了教师工作和生活的各个方面。这些福利制度包括法定常规福利、储蓄福利、非工作时间的薪资、健康福利、与收入相匹配的补贴、免费或优惠服务、弹性福利等等。这些福利制度极大地保障了美国教师队伍的稳定。

2. 英国的"教育优先区"制度

自 20 世纪 60 年代以来,英国教师流动率是比较高的,有的教师弃教改行,有的转校任教,且薄弱学校的教师流动率高于优质学校的流动率。这种教师流动造成了教育资源的损耗,降低了师资水平,也加剧了中小学教师短缺危机。

1967 年,英国中央教育咨询委员会发表了《普劳顿报告书》,该报告书提出了一个全国性教育补偿计划,即"教育优先区"设想,着力扶持地理位置不佳、社会环境不利的一些薄弱学校,为它们提供相对倾斜的、更多的资源,并对那些贫困与处境不利的儿童给予额外的教育资源。英国政府每三年要对"教育优先区"的范围进行审核,特别是对建设项目学校以及吸纳优质教师资源的情况进行全方位的评估,以此来推动优质师资向薄弱学校流动。

3. 日本的"教师定期流动制度"

第二次世界大战以后,日本针对教师流动问题开始推行教师定期流动制。其目的是不断提高教师工作热情和创新能力,积累经验,合理配置教师,保持校际平衡,保持学校办学活力。该制度在教师流动范围、流动对象、流动程序和保障措施等方面都作了明确规定。

从流动范围看,日本公立基础教育学校教师流动区域可分为两种情况:一是在同一市、街区、村之内的流动;二是跨县一级(相当于我国省级)行政区域间流动。教师既可以在同级同类学校之间流动,如从小学流向小学,从高中流向高中等;也可以在公立基础教育各类学校之间流动,如从高中流向特殊教育学校,从初中流向小学等。

从流动对象上看,日本流动教师主要有以下三种情况:第一,所有在一个学校内连续执教十年以上的教师以及连续执教六年以上的新任教师;第二,为解决定员超编而有必要流动者;第三,在区和市町村范围内的校际之间,存在师资队伍结构不合理,有必要调整而流动者。同时,对不应流动者也作了相应规定,如任教不满三年的教师、57 岁至 60 岁之间的教师、怀孕或休产假期间的女教师、长期在编不在岗的教师等。

从流动程序上看,每年 11 月上旬县级教委公布教师流动的实施意见,包括地区选择、流动要求等。教师依据有关要求如实填写交流调查表,作为选择流动教师人选的依据,交流调查表包括:家庭居住地、子女入学情况以及个人意愿等信息。校长依据教师的实际情况,在充分尊重教师意愿的基础上,确定流动人选并提交县教育委员会,最后由各级教育长批准生效。

从保障措施上看,为了吸引和鼓励教师到偏远贫困地区任教,日本政府制定了提高偏远贫困地区教师待遇的措施。1954年出台的《偏僻地区教育振兴法》专门设有"偏僻地区津贴"一项,发放给在自然环境恶劣、经济条件落后、交通不便的偏远地区和小岛上或者山区中的中小学从业的教职员工,规定"偏僻地区津贴"的月津贴额占教师本人月工资和月抚养津贴总额的25%以内。对那些因工作地点变动或随校搬迁到偏僻边远地任教轮岗的教职员工发放偏僻地区津贴,从变动或搬迁之日起三年内,对其发放迁居补贴,月补贴额在本人月工资和月抚养津贴总额的4%以内。此外,还有其他各种形式的特殊津贴。如寒冷地区津贴、特别地区勤务津贴、单身赴任津贴、长距离人事调动津贴等,种类众多,划分细致。

4. 韩国的"教师互换制度"

20世纪60年代,韩国中小学师资水平不均衡,特别是一些比较偏僻的农村地区教师的水平更差,教师流失严重,教育质量下降。为了应对韩国城乡学校师资差距、学生学业水平差距逐渐扩大所带来的教育不公和教育失衡给韩国基础教育提出的严峻挑战,韩国政府自20世纪70年代起,开始实行中小学教师"互换制度"。

从流动对象上看,主要有校长、校监(相当于我国的教导主任)和教师。一般而言,韩国普通中小学教师在同一所公立学校的工作年限为4~5年,之后将流动到农村学校工作3~4年。

从流动区域上看,韩国中小学教师一般在道一级行政区域内的学校之间进行流动互换。既有城乡学校间教师的轮换,也有相同城市的学校间、不同城市的学校间,以及相同农村地区的不同学校间教师的轮换。在安排教师流动时,通常会考虑其居住地的便利性,一般在90分钟车程以内。

从流动程序上看,首先,每年由各道教育厅根据本地各校教师余缺具体情况制定和发布教师流动政策。其次,在一所学校任职达到规定年限而要流动的教师提出申请材料,每位教师可以向道教育厅提出4所自己希望流动去的学校。再次,计算流动分。流动分包括工作经历分、工作业绩分和特殊加分,是教师定期流动时考虑是否满足其意愿的主要依据。最后,道教育厅主要根据教师流动分,并综合考虑其居住地和个人意愿决定教师流动的学校。校长和校监流动到哪所学校不是根据流动分,而是由道教育厅根据他们的教育经历、工作实绩、居住地、教育需要和个人意愿决定。

从保障措施来看,韩国政府建立了对流动到岛屿、偏僻地区任教教师的利益补偿机制。韩国政府在1967年颁布了《岛屿、偏僻地区教育振兴法》。该法规定:给岛屿、偏僻地区的教师优先研修的机会,并由地方自治团体支付研修所需的经费。同时,为了调动中小学教师的工作积极性,还规定政府应按照地区级别对不同地区的学校教师支付岛屿、偏僻地区的津贴。为激励教师流动到农村地区执教,韩国政府实行加分晋升制度,给流动到农村学校的教师晋升加分。根据农村地区不同的贫困程度和偏远程度,农村学校教师将获得不同的晋升分值。加分晋升制度的实施,在某种程度上缓解了韩国农村优秀教师不足的问题。

5. 法国的"教师统一分配政策"和"教育立法"

法国中小学教师属于国家公务员,由国民教育部实行严格统一的管理,服从工作岗位分配、参与流动是法国中小学教师的一项法定义务。为了均衡配置中小学教师资源,法国有关教育法律法规对师资配置作了导向性规定。国民教育部每年根据全国适龄儿童人数的变化和义务教育的发展状况,对全国中小学教师的需求做出预测,并以此来确定教师的编制数和各学区教师的分配指标。1989年7月,法国政府颁布《教育方向指导法》,规定创建中小学教师培养与培训一体的新型教师教育机构——大学师范学院。教育法规定新招聘的教师、返岗教师、离岗教师必须参加全国教师统一分配,参与流动,其他的教师则遵循自愿申请原则。对于提交申请参加流动的教师,由政府统一受理与考察,国家根据统一标准对教师打分,政府每年公布评分标准,以保证教师流动公平、透明,使师资配置的结果连续、有效。教师分配、教师流动尽可能遵循自愿原则,满足不同教师各自的工作意愿和需求,从而激发教师的工作热情。随后,又规定中小学教师实行单一工资制,代替了原来中小学教师分别属于不同级别公务员的制度。统一的中小学教师培养规格和工资标准,为法国中小学教师在基础教育领域不同层次学校间灵活流动打开了方便之门。

1.4 国内研究现状

我国众多学者对农村教师流失问题进行了积极的探索，他们多从实践的层面展开调查，取得了丰硕的研究成果。研究主要集中在农村教师流失的现状、影响因素、流失带来的不良影响，以及解决问题的对策四个方面。

1.4.1 关于教师流动现状的研究

目前我国农村教师流动整体处于无序状态，主要表现在流失教师总量大、流动方向单一、流失教师学历高三个方面。

1. 流失教师总量大

农村教师流失总量大主要体现在两个方面，一是流失数量占教师总量的比例较高，二是流失比例呈现增长趋势。

张和平(2005)选取中部某县为调查样本，调查结果显示该县在四年内流失了教师总量的 6%。

易连云和卜越威(2008)的调查结果显示，重庆某农村在职教师每年以 5%~10%的速度向城市和重点中学流动。

吴志华、于兰兰和苏伟丽(2011)选取辽宁省 2 个县市进行调查。结果显示，五年间流失的农村教师占教师总量的 8.32%。

王淼(2014)的调查结果显示，在 2008—2011 年，湖南某县农村教师流失比率高达 13%。

孙忠毅(2018)认为，农村特岗教师呈波浪式持续流失的状态。

刘钰琳(2022)对本溪市 11 所农村小学从 2018 年到 2021 年末流失教师的数据进行分析，结果显示流失教师人数大于流入教师人数，这种现象也使得农村学校教师教学负担过重，教学压力增加。

2. 流失方向单一

流失方向呈现单一性，主要表现为从经济相对不发达地区流向经济发达地区，由环境待遇较差的落后地区流向环境待遇优越的城镇或城市地区，从教育行业流向待遇福利更好的政府机关或者更有发展前景的商界、第三产业。

张和平(2005)的调查结果显示，农村教师流失方向以前往发达城市谋生为主。

陈小华和吴汉青(2009)认为，我国中小学教师流动呈现出单向性、盲目性的特征。

谭长富和宋旭(2009)认为，我国教师流动具有单向性、随意性大、后果严重的特点。

张天雪和朱智刚(2009)认为，目前的教师流动更多地表现出失衡的、无序的、单向的、被动的特征。

张祥明(2010)等人研究认为，我国农村小学教师流动呈现出"单向流动"特征，即表现为从基层到中层、从农村到城市、从贫困地区向发达地区的单向流动，而没有从中层向基层、从城市向农村、从发达地区向贫困地区流动的情况。这与整个社会就业的价值取向相同。

苏文静(2010)认为，中小学教师呈现出这样的一种流动趋势：从经济条件不太好的西部地区流动到经济条件比较好的东部地区；从资源较为薄弱的农村学校流动到资源比较丰富的城区学校；从办学质量一般的学校流动到示范性学校。

李星云(2011)经过实证调研分析，认为江苏某县中小学教师队伍流动存在以下问题：农村中小学校"双外流"、公开招考政策下的"劫贫济富"。

吴志华、于兰兰和苏伟丽(2011)的调查结果显示，农村教师的流动方向以向城镇、县市流动为主。

彭波(2011)认为，农村教师流动方向总的趋势是从偏远落后地区向经济文化发达地区流动。

黄东有(2012)的问卷调查统计结果显示，浙江某市81.3%的农村教师有流动至城市学校的意向。

尚晶、刘沧山和赵昊(2012)针对云南省普洱市四区县的农村中小学教师的调查发现，教师通常都是从农村学校流动到城区学校，从工资待遇低的学校流动到工资待遇高的学校，从教学质量一般的学校流动到示范性学校，从经济条件不好的地区流动到经济条件好的地区。

王彦才(2014)根据海南省中小学教师流动现状的调查数据指出，中小学教师流动的问题表现在"自发流动呈无序、单向趋势，优秀教师流失较多"。

魏玮和高有华(2015)认为，我国的中小学教师主要是从经济条件不太好的地区流向经济条件较好的地区,特别是优秀教师倾向于向条件更好的地区流动。

孙忠毅(2018)认为，农村特岗教师的流失从师资流向上，主要表现为从农村到城市，从经济欠发达地区到经济发达地区。

刘洋(2021)认为，在当前流动背景下，虽然持续推进双向流动机制构建，但整体的流动仍然呈现出单向的流动趋势。由于个人发展、社会地位、工作前景等多方面的因素，当前的教师流动更多地呈现出单向流动的趋势，乡村优秀教师主要流向县城学校，而县城学校流出的大多是退休的老教师。

柳燕和李汉学(2021)在分析我国农村流失教师特征时，也证明了流失教师多为优秀、骨干中青年教师，且有"向城性""单向性"等特点。

杨智慧(2021)认为，在城镇化快速发展的过程中，大量的教师选择从普通学校或者农村学校流向重点学校或者城镇学校，但这种流动多呈现出一种单向无序的状态，这无疑加剧了城乡教师资源配置的不均衡。

3. 流失教师学历高

农村学校中，高学历、高职称的优秀教师和骨干教师的流失率较高。

张和平(2005)的研究结果显示，46%的流失教师具有本科学历，70%的流失教师具有高、中级职称，65%的流失教师属于骨干教师。

吴志华、于兰兰和苏伟丽(2011)统计得出，在流失的农村教师中，市级以上骨干教师占 34.4%。

丁龙(2012)通过研究指出，在流出的乡村教师中，高学历的主科青年教师离开的较多，青年教师精力旺盛、思想进步、有创新性，对自己期望高，离开乡村学校的概率极高。

王淼(2014)的研究显示，本科及以上学历的流失教师占总流失教师人数的61%，有职称的教师流失占总流失教师人数的99%。

孙忠毅(2018)认为，从学历上看，大部分流失的农村特岗教师为学历相对较高的教师。

常芳、吴世瑾等(2021)根据西北农村地区两省的 23 个县 414 所中小学的 630 名数学教师的 2 期追踪数据指出，就教师的受教育水平而言，具有大专及以上学历的教师平均流动率为 13.83%，显著高于大专以下学历教师 8.89%的流动率。

1.4.2 关于教师流动影响因素的研究

农村教师职业流动为社会流动的一种表现形式,它的产生和兴起是社会经济发展的必然结果,并且受到多种因素的影响和制约。相关学者对此进行了大量的研究。综观学界相关研究,这些因素主要包括个体因素、家庭因素、学校因素、经济因素、社会因素、制度因素等。

1. 个体因素

学者们普遍认为,教师的个体因素是影响其职业流动的一个重要方面,包括以下一些内容。

(1) 性别

多数学者认为,男教师比女教师的流动意愿更强烈,同时男教师的流动率也高于女教师。

李腾云(2006)认为,从流动教师性别来看,男性教师多于女性教师。

马文起(2008)对河南省鹿邑县和密县1128名农村教师进行调研后发现,流动教师中,男性占89%,女性仅占11%,说明男性教师流动率远高于女性教师。

田锐和董鏧(2008)的调查表明,农村中学多是男性教师流失,而小学主要是女性教师流失,年龄上以45岁以下的高职称教师为主体,且流失教师多是担任主科教学的教师。

陈小华和吴汉青(2009)认为,从性别比例上看,男性教师更加愿意流动,且流动次数更频繁。

彭波(2011)认为,流动教师以中青年教师为主体,男教师流动性大于女教师,这是因为社会文化中对男性和女性的要求不同,如果女教师频繁地更换工作就会增加其照顾家庭的负担。

龚继红(2011)的研究认为,男教师的流动比例要高于女教师,女教师易受婚姻和子女的牵绊选择安于现状,男教师在家庭生活中要承担更多的经济责任,一旦有机会获得更好的经济待遇,就会考虑放弃现有的工作。

谢华和段兆兵(2011)根据安徽省11所农村小学的调查指出,流失的农村小学教师中男性占76%,大专及以上学历占86%,30岁以下教师占54%,流失教师中有四分之三负责语文、数学、英语等主要学科教学。

刘向文(2012)指出,在乡村教师中,男性教师面临更大的压力,更倾向于离开乡村学校。

杨智慧(2021)认为，在性别因素上，女教师的流动意愿不及男教师，男教师的流动意愿更强烈。

(2) 年龄

学者们研究认为，农村教师流失群体以有发展潜力和发展前途的中青年教师为主体。

张和平(2005)的研究结果表明，80%的流失教师是25岁～40岁的中青年教师。

王志国(2005)以济南市中小学为例，指出教师流动中以年轻教师居多，而且多数为各科教学骨干。

马文起(2008)调查发现，农村流动教师年龄多集中在31岁～40岁，大多数是所在学校的骨干教师、优秀教师或学科带头人。

陈小华和吴汉青(2009)认为，从年龄结构上看，40岁以下的教师更愿意调动，调动意愿与年龄成反比例。

吴志华、于兰兰和苏伟丽(2011)的调查结果显示，农村教师的流失主体主要是教龄在3年以下的青年教师。

彭波(2011)的研究结果表明，农村流动教师以中青年为主，且具有较高的学历和较强的工作能力。

杨文静(2013)对云南省新平县的调查显示，30岁以下的教师和31岁～40岁的中青年教师是新平县教师流动的主体。

王淼(2014)对少数民族地区的农村教师进行了探究，发现流失的多为中青年教师(40岁以下)、高学历(本科及以上)教师、高职称教师和会普通话的汉族教师。

周钧(2015)根据河南省的调查发现，流动及流失的农村教师中，25岁～30岁的占45%，31岁～40岁的占51%，41岁～55岁的占4%，显然年轻教师流动的可能性更大。

杨智慧(2021)认为，在年龄因素上，年轻教师比年长教师更向往城镇学校，这就造成农村学校中年轻教师较少。中青年教师具有较大的年龄优势和职业发展的需要，因而成为农村教师流动的主要群体。

王明露和颜庆(2021)认为，中青年教师往往有着较高的学历或丰富的从教经历，流动意愿较为强烈。即便是刚参加工作的青年教师，也大多是把农村学校当作流入城镇学校的"跳板"，在积累到足够的教育教学经验后，就会多方寻求机会流动到城镇学校。

常芳、吴世瑾等(2021)根据西北农村地区两个省的23个县414所中小学的630名数学教师的2期追踪数据,指出10年以下教龄的教师流动率为14.07%,显著高于10年以上教龄教师9.80%的流动率。

万怡(2021)的调查结果显示,流动教师年龄呈现年轻化倾向。

(3) 婚姻状况

学者们研究发现,婚姻状况的改变对女性教师流动的影响要高于男性。

(4) 个性心理特征

由于流动后教师所面临的新地位和新环境会给教师带来一定的心理压力,因此,一般来说,自主性较高、自尊心较强以及热衷成就的教师流动的可能性较大,而依赖性较强、自尊心稍弱以及自省性较强的教师流动的可能性则相对较小。

朱霞(2006)指出,新的地位、新的环境会给流动教师带来心理压力,那些具有良好心理品质、抗压能力强、勇于竞争的人流动愿望较强烈。反之,心理素质差的人面对新的压力环境往往会产生较强的心理负担,因此,流动的愿望比较低。

刁维国(2009)认为,农村教师工作量大,负担重,心理压力大。农村学校编制紧张,教师一人担任几个年级的课程或者一人教授几门学科的现象屡见不鲜,教学任务非常繁重。同时,他们还要面对学生、家长、社会各方面的压力。学生减负的需求,家长和学校对成绩的期望,以及社会对素质教育的呼吁,致使许多教师心理承受力达到了"临界点",进而加剧了焦虑、嫉妒、忧郁等不良心理状况的形成。这促使他们想离开教师职业,从事其他职业。

丁丹(2014)基于公平理论提出,农村教师流失是与他人比较后产生的心理失衡所导致的现象。

吴春丽(2017)认为,教师流失可以用教师的职业期待与现实的巨大反差来解释,教师长期巨大压力下的职业倦怠越来越严重,身心疲惫,没有时间为自己充电,缺乏成就感。

王凌霞(2017)等人指出,农村教师承受着较大的工作压力。由于大多数农村孩子是留守儿童,他们缺乏父母的关爱、照顾、沟通和理解,这些情感需求往往需要在学校得到满足。教师不仅要备课、上课、批改作业、辅导学生、完成学校规定的其他任务,还要了解每一位学生的家庭情况、爱好特长、性格特征等。此外,教师还要关注舆论,尽力满足社会、家长、学校和学生等各方面的需求和期望。重复、单调且超负荷的教育教学工作,以及身体和心理上的双重压力，导致教师逐渐对职业感到疲倦和懈怠。

孙忠毅(2018)认为，由于大部分农村特岗教师来自繁华城市的高校，对自己刚刚面临的新的、恶劣的工作环境感到不满。这种落差导致他们心理难以适应，自卑心理渐渐产生，自我封闭性增强，适应能力大大下降，人际交往范围变小，对人际关系变得敏感。

冯凯瑞和常顺利(2022)认为，在心理环境方面，由于前期省市超级中学对优质生源和师资的吸附，留在县中的学生基础较差，升学率较低，从而导致教师缺乏成就感，消极工作心理日渐滋长。因此，一有机会，县中学教师便会前往大城市学校工作，以满足自己的物质和心理需求。

(5) 文化价值观

一般来说，教师流动在一定程度上是教师追求社会价值和个人价值统一的体现。但由于受到社会功利价值观的影响，在追求社会价值和自我价值的过程中，教师们更偏重于自我价值的实现，当其所处的环境不利于其自我价值实现的时候，能力较强的教师就会考虑选择流动。优秀骨干教师大多毕业于高校，他们都有一展宏图的理想和不断进步的抱负，但农村学校的现实条件阻碍了他们自我价值的实现。一方面，由于农村学校的生源大量流失，学生数量不足、质量下降，使得骨干教师很难切实提高学生的学业成绩，尽管骨干教师付出了大量努力，但仍教不出优秀的学生，看不到应有的劳动成果。另一方面，农村教师在教育培训、职位晋升、职称评定上面临着诸多困难，难以展现自身的才华。在专业发展和自我提升的需求都得不到满足的前提下，农村教师便会寻求其他的机遇，为自身的发展创造更好的平台和条件。

苏文静(2010)认为，每个人都有自我实现的需要，教师追求的不仅是收入的增加，更多的是发展空间，发展空间受限是人才流动意愿生成的一个重要原因，是否有较大的发展空间、专业技能是否能得到较好的发挥、职业理想能否实现是新世纪教师，尤其是新世纪的年轻教师所关心的主要问题。

张建雷(2011)认为，教师流动是出于自我利益而展开的理性追逐，流动的内生动力是优越的工作条件和对社会境遇提高的期盼。

皮冲和周晓瑞(2012)指出，农村地区学校条件和资源有限，难以为年轻教师提供好的发展平台和机会。为了获得更好的发展，多数年轻教师都在努力向城市流动。

余应鸿(2014)认为，对于有事业追求和职业抱负的农村教师而言，发展机会少也会导致他们向城市单向流动。一方面，大部分农村学校地处偏远农村，交通不便、信息闭塞，缺乏与外界的有效沟通，发展机会相对缺乏；另一方面，农村学校由于经济基础薄弱，财政经费短缺，在外难以为教师提供行之有效的培训方式，在内难以为教师提供相关学习设备或教学辅助平台。

吴吉惠和章义华(2015)认为，大部分中青年教师，尤其是骨干教师，对自身专业发展有比较强烈的渴望，希望能拥有更好的发展条件。城市中小学基础设施比较完善，经费充足且自身发展能力较强，与农村中小学相比，能够为教师提供更大的发展空间。

冼秀丽和姚玉佳(2017)认为，农村教师发展机会少。农村教师对自我生存的关怀和对自我发展的憧憬，使他们更注重自身专业的提升，但是农村教师缺少进修学习与参加培训的机会，教师的专业发展需求得不到满足。

郝琦蕾等人(2018)认为，农村特岗教师最关心的首先是工资待遇问题，其次是个人未来与发展问题。

李春鸽(2018)认为，城市具备更多的学习机会和更为广阔的发展空间，这极大地满足了教师的发展需要。

张志杰和李月莹(2019)调研发现，吉林省东南部山区的一些中小学教师教学任务繁重，工作强度大，并且在晋升、培训、交流学习等方面的机会较少，这些大大限制了教师的职业发展，也是教师流失的重要原因。

罗梦园和张抗抗(2020)认为，乡村教师有专业发展和职业发展的需要，主要包括自我价值的实现、职称的晋升、专业的发展、荣誉的获得等。乡村学校的骨干教师愿意向地理环境优越的城市学校流动，在这些学校，他们能够在工作中充分实现自我价值，获得比乡村学校更多的成长机会，从而实现人生理想。

赵彤(2021)认为，农村地区信息闭塞，难以提升教师的教学能力和教学水平也是农村教师隐性流失的重要原因。

陈娟和吴鹏(2021)认为，城乡教师流动还受个人价值取向的影响。农村教师在进入城市学校以后，丰富的教学资源使他们自身的知识水平和能力得到了较大程度的提升，同时新的就业岗位充满了机遇和挑战，这就使得他们有机会不断地激发自身的潜能，将自我价值最大限度地实现，给学校的发展带来生命力。农村教师在涌入城市以后，不仅使其自身的经济条件得到了满足，还实现了其个人价值。

2. 家庭因素

个人婚恋、子女教育与就业、夫妻分居、赡养老人以及个人退休养老等家庭因素也是造成农村教师流失的重要原因。对于单身教师而言，他们需要考虑个人婚姻家庭的建设；对于已婚教师而言，则更多考虑家庭稳定和子女发展。由于农村学校受到物质资源等方面的因素限制，对教师个人生活层面的关注和支持力度稍显不足，而城市生活质量高，就业机会多，能为教师子女提供舒适的生活环境和更多的就业机会。为了家庭与子女教育和就业需要，也为了能更好地赡养老人，一些农村骨干教师选择离开农村薄弱学校而转向城市学校。

孙梅(2010)认为，为了让子女获得更好的教育和生活环境，大量农村中小学教师选择流向城市，这也是影响农村教师流动的重要因素。

吴玉琦(2010)对上海市6个区(县)24所学校的调查显示，照顾家庭与家人是教师产生流动意向的首要原因。

吴金航等人(2011)认为，很多农村教师对自己子女的教育问题都很担忧，城镇学校不仅教学质量比农村好，而且在教育设施上也比农村先进，如果让其子女在农村接受教育，无疑会影响子女未来的发展。

叶柳(2014)指出，受传统文化的影响，大多数中国人都有着非常强烈的家庭观念。因此，家庭因素可能影响教师的流动或流失。

吴吉惠和章义华(2015)认为，如果教师所在学校的周边环境不利于家庭的稳定或不利于教师子女的教育，教师就会根据实际情况选择流动到其他地区。

赵卓文(2016)认为，有些农村教师在子女到达学龄之后希望子女能够得到更好的教育，并享受到更好医疗条件和公共服务设施，便在农村工作几年之后又离开农村，以期为子女提供更好的生活条件，这也是教师流动或流失的一个重要原因。

陈永莲(2016)认为，子女上学、夫妻分居、照顾父母等家庭因素是影响农村教师流动或流失的最重要原因。

张雅妮等人(2017)在调查中发现，部分教师与其配偶或子女被迫分居两地，这种情况给教师带来了极大影响。由此可见，家庭因素是导致农村中小学教师流动或流失的一个重要因素。

孙忠毅(2018)认为，家庭因素是影响农村特岗教师流动的一个重要因素，大部分农村特岗教师都是服从县一级教育局的分配来到农村学校的，这就导致了他们远离家庭，面临夫妻两地分居等问题。因此，一部分农村特岗教师在就职一段时间后选择离开，这导致了农村特岗教师的流动或流失问题。

李春鸽(2018)认为，农村初任教师在工作时往往已经到了适婚或已婚年龄，婚后家庭与学校的距离问题使他们无法兼顾家庭与工作。于是不少教师选择回到城市，以期对家庭和成长中的下一代有更好的照顾。

郝琦蕾(2018)认为，婚恋困难，两地分居或不易找到合适对象等是影响农村特岗教师留任的主要因素。

张恒波等人(2019)认为，农村体育教师希望通过流动竞争，提升自己的社会身份，改善子女处境或增强子女未来在社会上的竞争力。

张志杰和李月莹(2019)认为，农村青年教师流动或流失大多是因为在农村不好解决婚姻问题，而农村中年教师流动或流失主要是考虑到子女教育和就业问题，以及赡养老人和个人退休养老问题。

李炳煌和胡玄(2020)认为，农村女教师的个人婚恋和发展问题，以及子女的教育和老人的养老问题等都会引发教师流动。

苑真真(2020)认为，从当前社会发展来看，子女教育成为许多家庭的重中之重。城市学校的教育资源丰富，硬件和软件设施齐全，教师子女在城市中必定会接受更好的教育。但若教师在农村工作，每天见到其子女的时间少之又少，这既不利于子女的健康成长，也不利于建立良好的家庭关系。因此，家庭是农村教师流出学校的主要因素之一。

单兴巧(2020)认为，农村中职青年教师会综合考量子女的教育环境，并希望为自己的子女提供更好的生活环境和受教育环境，因此倾向于将子女安排在城市就读，为了更好地承担照顾子女的职责，自身也会产生工作调动的想法。

陈俊珂和易静雅(2020)认为，婚恋状况对教师流动的影响十分显著。调查显示，47.88%的农村特岗教师属于未婚状态，他们大多数是刚刚从学校毕业的大学生，这类教师的流动意愿相对较强。因为特岗教师大多处在偏远的农村，想要接触到适合自己的异性朋友较为困难，所以大多数未婚的教师想要流动到非偏远的地区，以扩大自己与异性交往的机会。还有一些农村特岗教师处于异地恋或夫妻分居的状态，非常希望流动到恋人或配偶工作的地方。此外，大多数女性教师存在不希望远嫁的心理，她们在任期结束之后会倾向于选择离家更近的学校。

许雅莉和肖园丽(2022)认为，乡村青年教师面临择偶、成家、购房、抚养子女以及赡养父母的现实问题。

3. 学校因素

学者们的研究结果表明，学校的条件、管理、文化、制度等方面都会对教师流动产生积极或者消极的影响。

(1) 学校条件方面

很多农村中小学校存在办学规模小、教学硬件设施老化等问题，这给教师的教学工作带来了很大的困难。农村学校由于缺乏充足的教育经费，无法为教师提供图书馆、阅览室和网络资源等科研条件，使得获取信息的渠道不畅。这导致农村教师在进行科学研究时面临困难，难以开展科研项目和提高自身的科研水平。这种情况可能会使农村学校的教师无法安心工作，并缺乏工作的积极性。

马文起(2008)认为，中部地区农村教师工作不稳定的重要原因之一就是教师的工作和住宿环境差。

王凌霞、王开琳和马雪玉(2017)认为，农村学校没有充足的教育经费，难以给教师提供诸如图书馆、阅览室、网络资源等教育资源平台，使教师的知识和眼界都受到了限制。此外，农村学校交通不便，导致学校师资紧张，教师工作压力大，外出学习和接受培训的机会较少，造成了农村中学教师知识的封闭和落后。

冼秀丽和姚玉佳(2017)认为，农村学校办学及生活条件相对较差，许多农村学校的教学实验室、多媒体教学设备等教学硬件设施十分匮乏，学校只能容纳非常有限的学生，这也会对农村教师流动产生一定影响。

周琴(2017)认为，农村地区生存环境欠佳，已成为我国农村学校教师面临的普遍问题。农村小规模学校的教师工作周转房也不尽如人意，住宅设备设施不齐全。

刘畅(2018)认为，由于城市学校和村镇学校之间的教学软硬件差距过大，一部分教师会为了追求更高质量的教学成果而离职。

彭知琼(2019)认为，城市中小学校的校园规划、教学设备、物质资源等都比农村学校要好，并拥有更多的学生和更优质的生源，能够为教师提供更好的职业上升空间。

赵翠琴(2020)认为，农村中小学的多媒体教学硬件设施不够完善，这导致教师上课时主要依赖讲授，并在黑板上写下教学内容，学生则只能依靠抽象思维进行想象，难以直观地将知识内容呈现在眼前，因此课堂教学效果不佳。相比之下，城市中小学在多媒体教学硬件设施方面则非常完备。

李炳煌和胡玄(2020)认为，农村教学环境艰苦，校舍和教学硬件老旧，使多媒体教学难以普及，农村学校教学通常采用传统的以"粉笔＋黑板"为主要媒介的教学模式。此外，很多农村学校不能提供教师宿舍或周转房，偏远山区的教师交通不便也没有交通补贴。

冯凯瑞和常顺利(2022)认为,省市高中的教学设备齐全,办学条件优越,其教师能够在教学之余利用这些硬件设施开展科学研究。而不少县中学的现代教学设备不全,难以满足教师的现代化教学需要。

肖瑞欣和张松艳(2022)指出,城市学校教学资源丰富并多采用多媒体教学,而农村学校多数还在采用传统教学模式。

(2) 学校管理方面

学校管理制度改革滞后,管理不到位,没有形成规范化的管理,使教师的日常教学科研工作受到较多的行政限制,且日常生活中学校领导又缺乏对教师的人文关怀和尊重,教师很少享有参与管理和自主管理的权利,再加上学校各方面资源尤其是物质分配不公、透明度不高,严重打击了教师的积极性。另一方面,由于没有建立一套有效的绩效评价机制及科学激励机制,教师的付出与回报失衡,影响了教师工作心态,使教师产生不公平感。此外,学校行政管理人员"官本位"思想意识严重,导致学校学术氛围紧张,且激励机制难以奏效,教师对物质待遇的要求得不到基本满足等,这些因素都促使教师产生流动意向,造成了教师的流动或流失。

麻跃辉(2007)认为,学校对教师的人文关怀、软性管理与义务教育阶段教师的稳定性之间存在着紧密的联系。管理制度建设滞后是教师流动或流失的重要原因。对教师的评价不合理,将学生的成绩作为教师评价的唯一标准,评优、评先时不遵守公平、公开、公正的原则,进行暗箱操作,这些都可能造成教师的流动或流失。

张馨芳(2009)认为,学校管理模式和管理意识的矛盾、管理目标缺乏现实意义、管理体制缺乏监督,以及管理方法抹杀教师的个性和创造性等问题,都可能导致教师流失,不利于学校内部的稳定。

吕佳(2010)从学校文化的角度对薄弱学校教师流失进行调查研究后指出,薄弱学校缺乏良好的学校文化引导,缺乏民主、合作、信任的学校氛围,导致大量教师流失。

王淼(2014)认为,一些农村学校在管理方面缺乏人性化,比如缺乏对教师的人文关怀。在各项考核和职称评定上也大多采取论资排辈的方式,选才、用才等制度不科学、不透明、不完备,导致许多中青年教师对学校产生了不信任感。

王凌霞、王开琳和马雪玉(2017)认为,农村学校的校长大都掌控着学校的大权，对于学校的教学和管理都有着绝对的行使权和决定权。因此，在职称的评定和职务的晋升方面容易感情用事、随意操作，出现任人唯亲的现象。另外，农村学校普遍缺乏相对公平的教师评价和考核机制，教师教学无论好坏工资收入都差不多，没有大的差别。

贾晓静和张学仁(2017)认为，农村学校管理制度不健全，尤其是缺乏对校长权力有效的监督机制。一些农村学校校长深受"官本位"思想影响，把校长负责制理解为"凡事校长一人做主"，滥用职权现象严重，严重打击了农村教师的积极性。一些学历较高的农村中青年教师、骨干教师则选择流入学校管理相对民主、科学的县镇学校。

吴春丽(2017)认为，农村教师在职称评定、培训学习、进修等方面不如城镇教师，学校管理理念滞后是农村教师流失的重要原因。

李春鸽(2018)认为，学校缺乏科学的管理方式。学校的管理方式以"专制式"为主，没有给教师参与决策的机会，初任教师敢于提出自己对学校教育和教学工作的想法与建议，但往往被否决或置之不理，这也加剧了初任教师对学校的不满。

孙忠毅(2018)认为，农村学校管理方式不合理。农村特岗教师流失的一个重要原因是农村学校管理方式落后，农村学校一般缺乏人性化的管理，管理方式陈旧、缺乏先进性。农村特岗教师通常希望学校的管理体制较为民主，并渴望有机会参与到学校的具体决策中去，但是由于部分农村学校处于落后地区，对于教师的意见多是敷衍或不予理会，这样一来就导致教师的困难和情绪都无法得到解决和疏解，不仅无法增加其工作的积极性，而且会坚定其离开农村学校的决心。

白亮、王爽和武芳(2019)认为，农村学校在管理中缺乏"以人为本"的理念，很多学校存在同一教师集教育教学任务、行政事务和学生管理工作于一身的现状；在教师评价方面，学校以学生的考试成绩为考核教师的唯一标准，较少考虑教师的职业道德、职业责任感、教育教学过程和教学态度等，年终绩效考核直接与学生的考试成绩挂钩；在职称评定、荣誉表彰方面存在论资排辈、人情关系等现象，使大部分农村教师得不到工作成就感，缺乏对组织的归属感。

张志杰和李月莹(2019)认为，山区中小学校的管理相对滞后，一些学校的教师激励机制不完善，绩效工资的发放并没有起到应有的"奖勤罚懒"的作用，而是流于形式。除了绩效工资之外，对有能力的教师缺乏应有的重视，教学评价体系比较单一，存在教师考核不公正的现象。同时学校也没有很好的政策来解决教师们在教学以外遇到的问题,如在校生中的留守儿童问题、校园安全隐患问题、校园卫生问题、招生问题等,这让教师很难全身心投入到教学中去,致使教师迫于各方面的压力而选择另谋生路。

张恒波等人(2019)认为,从农村学校的因素来看,学校管理层和教师在对文化课和体育课的认识上,"重文轻体"的观念根深蒂固,很难在短期内消解,致使学校在教师考核评价过程中,对体育教师的关注和关照不足,在管理制度和现实情感方面都难以激发体育教师的工作热情。

李炳煌和胡玄(2020)认为,学校实行干部任命制,用人机制有待完善。部分学校领导只对上级负责,不了解一线教师的需求和付出,不能根据学校实际情况选择促进学校发展的工作方式,更不能营造良好的工作氛围。缺少合理的教师绩效考核方案,教师的绩效考核应对教师的工作态度、教学能力、家校关系等方面进行综合考量,单一的评价模式会影响教师的工作积极性。

柳燕和李汉学(2021)认为,在农村学校的管理机制层面,农村学校的教师评价、考核、培训、退出制度等尚不健全,缺乏科学系统的管理机制,这也在客观上导致了农村教师的流动或流失。学校管理机制,尤其是教师考评机制,对教师发展的影响极为重要。此外,农村学校对骨干教师缺乏支持性管理,即未能为教师的进修培训和学习提供必要的帮助。

杨智慧(2021)认为,农村学校的管理制度不够完善。在教师管理方面,许多农村学校对教职工缺乏人文关怀,并制定了过于严格的管理办法。比如,多数农村学校实施坐班制和严格的请假制度,教师不得迟到早退,违反规定就要罚款。这种"以罚代管"的管理方式,极大地限制了教师的自由,打击了教师工作的积极性,迫使他们逃离压抑的工作环境,寻找更合适的学校。

4. 经济因素

农村教师的工资水平和福利待遇已经成为农村教师决定去留的关键因素。随着我国各省份实施农村教师生活补助政策,农村教师的工资水平得到了一定程度的提升。但农村教师的总体工资水平、福利待遇与城市教师相比,差距仍然较大。经济状况直接决定了生活质量,为了更好地生存和发展,追求更高的工资待遇,在有条件的情况下,很多农村教师会积极寻求进入城市工作的机会,以提高自己的经济收入。

马莉莉(2007)认为,教师流动或流失与教师追求丰厚的物质待遇和优越的生活条件有关。

冯文全和夏茂林(2010)认为，城乡学校工资福利的差异是教师流失的根本原因，要改变这种单向失衡的现象，必须确保同工同酬。

高建伟(2016)认为，农村经济收入低，生活质量差。农村教师的工资相比城市学校教师是非常低的。微薄的收入使他们的生活质量根本无法达到小康社会应有的标准，部分农村教师由于生活所迫不得不从事有限的农业生产，这些都导致了他们的社会地位比较低下。生活质量无法保障导致部分教师内心产生"厌教情绪"，工作不久便有"跳槽"的想法。

鲁涛和邓小菊(2017)认为，城乡地区的工作环境和待遇差距较大，农村幼儿教师工资待遇得不到保障，使得许多农村幼儿教师从农村流向经济发展好的区域甚至转岗转行，进一步加剧了农村幼儿教师人员数量缺乏的现象。

王凌霞、王开琳和马雪玉(2017)认为，农村教师工资福利待遇偏低。在城乡二元结构的影响下，城镇和乡村的教师在工资和福利待遇方面存在显著差异。不仅如此，甚至农村中学教师的工资与同一地区其他职业相比也是偏低的。

周琴(2017)认为，乡村教师的工资水平和福利待遇已经成为决定乡村教师去留的重要影响因素。

肖存娟(2018)认为，农村教师的经济待遇和社会地位低。在现实中，川东北的大部分农村教师不仅"一肩扛多职"，甚至在学校还充当着"保姆"的身份，工资却依旧远远低于城市教师。

刘畅(2018)认为，当镇属、村属学校教师和城市学校教师的薪资待遇和津贴福利差距过大时，部分教师会为了追求更高的待遇水平而选择流动，这是导致教师流动的主要因素。

白亮、王爽和武芳(2019)认为，从教师职业收益方面来看，在工具理性和市场经济的影响下，人们都在追求利益最大化。教师也不例外地将职业作为谋生的工具和手段，部分教师更关注可以从职业中获取多少经济报酬。

陈璐(2019)认为，农村教师收入福利和津贴待遇远不如城镇教师，农村教师发展机会也少。

王海民(2020)认为，工资水平影响教师流动。对于农村中职电子专业教师而言，他们的个人待遇普遍较低，且工资水平增长较慢，还要面对诸如子女教育、日常出行、住房等问题，这无疑为其带来了更大的生活及生存压力。

单兴巧(2020)认为，我国农村中职学校青年教师的流失现象与教师的收入水平密不可分。青年教师普遍承担着来自家庭和社会的责任，尤其是一些来自独生子女家庭的教师，不但要承担老人的赡养义务，还要承担子女的教育义务，加上房贷、车贷等诸多经济因素的影响，对收入需求越来越高，当前收入一旦无法满足预期，就会动摇，产生更换学校的意愿。

杨智慧(2021)认为，农村教师的经济待遇较低。农村教师的工资普遍低于城镇教师，课时津贴及奖金与城镇教师也存在一定的差距，这样就形成了城乡教师同工不同酬的局面，这种同工不同酬的现状势必会导致农村教师尤其是优秀农村教师的外流，一部分农村教师为了追求更高的经济收入和更好的工作、生活条件，想方设法向城市学校调动，有些农村教师则会换行转业。

杜晓梅和赫春东(2021)认为，农村地区教师工资福利不高。农村地区条件相对落后，财政收入基本靠国家补贴，虽然国家财政一直大力扶持农村地区的教育事业，并为农村教师提供了专门的工资福利补贴。但是由于农村地区经济较为落后，加上国家政策落实困难，甚至有些地方出现了拖欠教师工资的现象，而小学教师工资普遍偏低，一些老师为了更好地生存和发展，追求更高的工资待遇而离开了农村学校。

赵彤(2021)认为，农村教师福利待遇较差。在城乡二元结构的影响下，我国农村地区的教师工资水平依旧偏低。在这样的背景下，部分承担家庭重担的教师不得不从事有偿家教、兼职教育机构或者其他兼职工作，因此，较低的薪资水平也是造成农村教师流动或流失的重要原因。

5. 社会因素

(1) 二元社会结构的影响

我国的城乡二元结构导致了城乡政治、经济发展的不平衡，城乡之间各方面的发展存在着很大的差距。一般来说，农村自然条件相对较差、生活条件较为艰苦，且大部分地区交通不便。城市学校的校园环境、物质待遇、学生质量和管理模式都优于农村学校。俗话说："人往高处走，水往低处流。"在这些因素的共同作用下，农村学校不仅难以吸引优秀教师来任教，而且很难留住优秀教师。

苗春凤(2009)指出，教育经费投入不足和教育体制问题在一定程度上导致了农村教师的大量外流，而这种教师流失现象已经上升为政治问题，究其根源，这是市场经济和城乡二元分化共同作用的结果。

马用浩和谷莎(2016)指出，受限于乡镇发展水平，乡镇学校教师能够获得的公共服务资源有限，他们在交通条件、医疗条件、子女受教育机会、精神文化追求以及文娱活动等方面与城市教师存在明显的差距，特别是在子女教育资源和老年人公共医疗服务方面，城市对农村教师有很大的吸引力。

张雅妮、杨梦云和郑震宇(2017)认为，乡村缺乏可持续发展的强劲动力，呈现出显著的城乡二元化特征。由于长期贯彻优先发展城市的策略，加上基层政府的行政能力相对薄弱，乡村教师实际享受到的政策红利被打了折扣。城乡教育资源分配的差异仍然存在，"均衡发展"的目标未能实际贯彻。

冼秀丽和姚玉佳(2017)认为，在教育领域，城乡教育二元结构对立十分明显，城乡教育在教学设施、体育设备、学习环境等诸多方面都存在显著差异。有些农村学校，教师为了在上课过程中让学生听得懂，加班加点自制教具模型给学生观察，教育资源匮乏给他们增加了非常大的工作量。这些情况的存在，使得农村学校很难具有吸引力。

孙忠毅(2018)认为，在城乡一体化的进程中，城市集中了大量优质资源来发展教育，导致农村的教育资源更加匮乏，发展更加缓慢，农村教育呈现"凋敝"状态，进一步扩大了城乡教育发展的差距。随着城市化的发展，城市学校发展具有农村学校不可比拟的优势，无论是城市学校的设施，还是教师的待遇，都明显优于农村学校，这导致农村学校不仅难以吸引优秀教师，而且很难留住他们。

谢登斌和王昭君(2019)认为，目前我国城乡二元教育结构矛盾依然突出，城市教育资源尤其是优质教育资源相对充盈，教育质量和水平较高，而乡村教育资源相对紧缺，教育质量需要提高。显然，这种城乡二元教育结构的矛盾与新型城镇化要求相差甚远，必须用城乡教育一体化的战略思维和政策措施予以解决。然而，我国城乡教育一体化的进程发展缓慢，与之配套的政策及措施滞后，导致教师流动呈现出上向流动单一、下向流动困难、双向流动受阻的格局。这与新型城镇化背景下教师流动多元的要求相悖。

冯凯瑞和常顺利(2022)认为，城乡差序加剧，超级中学吸附，以及市场化分配体制等社会原因，共同加速了县中优质教师的流失。

(2) 社会对农村教师社会地位的不认可

与城区教师相比，农村教师在社会地位、社会声望、资源占有等各个方面均显著落后。在城乡二元对立和城镇化快速发展的影响下，资源的不均衡配置加剧了城乡教师在社会地位上的差距，这在一定程度上使农村教师产生了强烈的"相对剥夺感"。与其他行业人员相比，农村教师整体地位低于体制内其他行业人员。与其他职业群体相比，农村教师的社会地位、声望等都较低，职业尊严受到挑战，这在一定程度上促使农村教师选择流动，甚至脱离教师队伍。

晏云婷(2012)认为，当前对农村中小学教师的社会评价并不高，很多农村中小学教师得不到家人或朋友的支持。对于应届毕业大学生来说，多数人来到农村不是因为对农村教师职业的热爱，而是为了缓解就业压力，仅仅把农村中小学教师岗位作为跳板。

娄立志和刘文文(2016)认为，农村教师社会地位低，农村薄弱学校骨干教师信心不足。农村教师的社会地位低在一定程度上影响着农村教师对教师职业的认同感。农村学校的骨干教师和城市学校的骨干教师之间的专业地位差距较大，导致农村骨干教师为追求更高的社会地位和名誉而选择流动到城市学校。

高建伟(2016)认为，农村教师自尊需要难以满足。农村学校骨干教师既难以得到学生的认可，也难以得到学生家长和学校领导的认可。

周琴(2017)认为，在现实中，乡村中小学教师的社会地位并不高。大多农村父母和学生认为，只有能力低的人才会被分配到农村中小学当教师，并认为他们是被社会淘汰下来的"产品"，这种不正确的观念极大地挫伤了教师的自尊心。同时，农村教师还面临着来自社会的舆论压力，这些负面的社会舆论进一步削弱了他们的社会地位和教师的职业荣誉感。

彭知琼(2019)认为，农村教师流失的原因之一是社会对农村基层教师的承认不足，农村教师的劳动成本较高，而实际获得的奖励或荣誉较少，他们多年的付出缺少社会的认可和尊重，这也导致一些在农村学校执教多年的教师对自己的职业缺乏热情。

陈璐和崔基哲(2019)认为，农村教师地位较低。农村教师对外评价不高，多数人的看法是农村教师的能力不强。

张志杰和李月莹(2019)认为，农村中小学教师的被认可程度和受尊重程度不高。以吉林省东南部山区为例，该地位置偏远、经济落后，家长对孩子教育的重视程度不足，常不积极配合教师的教育工作，甚至当教育意见出现分歧时，还出现过家长以投诉、曝光等方式报复教师的行为。这使得部分乡村中小学教师感觉自己的职业地位很低，从而产生"逃离"的想法。

李炳煌和胡玄(2020)认为，农村缺乏尊师重教的社会氛围。农村地区留守儿童较多，学生的教育问题被全部寄托于学校，有的家长过分溺爱孩子，甚至为了"护短"而辱骂教师。

陈俊珂和易静雅(2020)认为，农村教师受尊重程度不高。这种情况会使部分教师感到自己的工作不受尊重，缺乏成就感。大多数农村教师的尊重需求未得到充分满足，间接反映出他们在社会中的地位和被认可的程度不高，这直接影响了他们对工作的热情和自我价值感，因此他们想要改变自己的工作环境。

杜晓梅和郝春东(2021)认为，农村教师社会地位偏低是其流动或流失的重要原因。农村地区的小学教师社会地位普遍比城市教师低，受尊重程度不够，甚至有刻板印象把在农村地区教书的老师看成能力不够，这成为农村地区的小学教师流失的原因。

柳燕和李汉学(2021)认为，社会声誉和地位较低是农村教师流失的根本诱因。教师的社会地位、声誉、权利等因素在一定程度上影响着农村教师对其职业的认同感，然而，当前农村教师社会地位不高，缺少家庭和社会的支持，且公众声望不高，致其产生向城镇学校或优质学校流动的心理冲动。与城市学校相比，农村薄弱学校骨干教师的社会地位较低，这促使他们为了追求更高的社会地位而选择"跳槽"到城市学校。

6. 制度因素

当前，我国还未能形成一个统一、完善、可操作性高的教师流动制度。城乡教师流动机制不健全，甚至处于缺失状态。社会保障制度不完善，农村地区中小学教师未能充分体验到社会保障制度的优越性。此外，教师人事管理制度不健全，教师公开招聘缺乏具体的规定，使教师聘任制具有很大的随意性，同时缺乏必要的监督机制和配套措施。

陈坚和陈阳(2008)认为，教师流失首先与国家缺乏相关的教师流动法规有关。其次，与教师自身的职业认同、公民对教师职业的认同，以及教师对国家流动政策的不信任有关。

田锐和董璎(2008)认为，农村教育政策不稳定，制定与执行之间存在差异，教育政策没有对农村教师流动做出合理的规范。

张天雪和朱智刚(2009)基于桐庐县6所学校252名教师的流动情况指出，"非权力影响力""传统习俗与习惯""伦理道德观念""价值信仰"等非正式制度对教师流动有显著的影响。

吉雪松(2013)认为，我国义务教育教师流动的根本原因不仅在于正式制度的不完善，还在于一些非正式制度的不合理。

王淼(2014)基于湖南省通道侗族自治县农村教师流动情况的调查，认为农村教育经费投入不足和培训经费难以落实等政策因素是农村教师不合理流动的重要原因。

周钧(2015)认为，教师流动及流失的更深层次的原因是国家政策的缺失。

冼秀丽和姚玉佳(2017)认为，广西中小学教师合理流动制度尚有待完善，并且教师流动工作没有得到细化，从而导致教师无视教师流动的规则，出现单向流动和自发无序流动到其他行业的现象。

罗正鹏(2019)指出，政府基础保障力度不够，农村教师流动服务保障比较薄弱。

谢登斌和王昭君(2019)认为，教师流动制度的构建和运行应体现价值理性和工具理性的二元合一，不仅要凸显教师的需要和尊严，促进教师发展，而且要重视运用技术手段提升教师流动效率。教师流动制度的创建与实施所引发的利益相关者的利益冲突，在现实生活中呈现复杂的态势，构成了教师流动制度推行的障碍，削弱了教师流动制度的运行效能，背离了新型城镇化对教师流动制度的效能诉求。

吴杨和李尚群(2019)认为，农村小微学校的教师流动机制与相关制度尚未建立，教师自发流动的现象日益凸显。教师的自发流动，即教师通过离教、离岗、考研等方式，按照本人意愿进行自主流动，表现出无序失衡的特征。

赵翠琴(2020)认为，教师流动机制不具体，流动政策不完善是中小学教师不合理流动的主导因素。

谢登斌、段苏颖和谢婷(2020)认为，少数民族地区践行义务教育教师合理流动制度，面临制度目标宽泛、执行主体模糊、制度内蕴要素不全、驱动机制乏力和管理机制的束缚等问题，导致少数民族地区义务教育教师合理流动制度的实施出现困境。

杨智慧(2021)认为，教师流动政策实施不到位。宏观方面，政府在执行教师流动政策时存在重视不够、理解偏差、能力不足等问题。教师流动关系到人事、财政、组织等多个部门，因此政府相关部门的协调统筹对教师流动起着至关重要的作用。但多数政府相关部门却置身事外，只负责财政投入，而将教师流动的具体任务交给教师和学校，没有充分发挥教师流动的发起者和指导者的角色作用。

7. 其他因素

教师职业流动是多种因素共同作用的结果，是教师在对比和筛选各种主客观条件后做出的"理性"选择，除了受到前面介绍的各种因素影响外，还受到其他一些因素的影响。例如，学校的生源情况、班级规模、学生数量和质量等。另外，学者们研究发现，传统习俗或习惯也会对教师职业流动产生影响，如男性主义、家庭本位以及城市中心主义等，其中家庭本位的影响最为深远。

肖存娟(2018)认为，农村学校生源质量不佳，导致教师缺乏工作成就感。农村学校学生数量较少且生源质量较差，这是欠发达地区存在的较普遍现象，且这一现象难以迅速扭转。目前，相关政策允许学生可以跨省、跨市就读，导致经济发达的城区可以大量引进其他地区的优秀学生，而经济欠发达的农村地区则会流失本地优秀生源。

张志杰和李月莹(2019)认为，农村适龄儿童数量少，智力水平参差不齐。由于地处山区且人口居住比较分散，适龄儿童只能就近入学，学校人数较少，学生智力水平相差较大。山区中小学校教师与城镇(市)学校教师投入同样多的精力，但教学业绩却不如城镇(市)学校教师，这使得很多山区中小学的教师缺乏成就感。

彭知琼(2019)认为，农村生源质量不稳定导致农村教师工作难出成绩，职业发展落后于城镇学校教师。城市化背景下，随父母迁至城市的学生数量激增，而农村学生的数量却在逐渐下降。许多地区教师的职称评定标准中对学生成绩有硬性要求，农村本地学生数量的减少和生源素质的降低，也在一定程度上限制了农村教师的职业上升空间。

吕天(2019)认为，从文化层面上看，农村教师流失主要源于精神文化资源的短缺、文化身份认同的匮乏、个人价值实现机会的不足，以及理想环境与农村现实对比后遭遇的文化震荡。

李炳煌和胡玄(2020)认为，农村学校优质生源要么主动流失，要么被周边城区学校吸引走，留下来的学生大多成绩较差且家长不太重视教育。

肖瑞欣和张松艳(2022)认为，学校生源上，大量农村适龄儿童涌向城镇，城镇学校规模日益扩大，甚至出现"乡空城挤"的局面。同时，由于农村学生学习能动性欠佳和农村学生的相继转学等因素，农村教师在教学中难以产生成就感，并在处理非教学事务时易产生挫败感，导致农村教师对农村教育的积极性减退。

1.4.3　关于教师流动不良影响及后果的研究

农村义务教育阶段教师流失不仅降低了学校教育质量，阻碍了学生的成长和学校的发展，还影响了教师队伍的整体质量和团队建设，进而制约了农村义务教育的发展，最终导致义务教育难以实现均衡发展。

1. 农村教师流失对学校的影响

教师流失导致学校教师队伍不稳定，学校教育秩序混乱，教育质量下降，不利于城乡教育均衡发展。

张政艳(2012)指出，农村教师流失进一步加剧了城乡教育差距，扩大了普通学校和重点学校之间的差异，偏离了义务教育均衡发展的目的。

杨旭中(2013)认为，从年龄上看，流失教师多为较年轻的教师和中年骨干教师，这种情况导致农村学校教师年龄分布不均衡，留下的都是职业经验未成熟的新教师和快退休的老教师，这不利于新教师的成长和老教师工作热情的激发，严重影响了教师队伍质量的提升。

邵泽斌(2014)认为，农村教师大量流入城市，导致城乡教师的结构短缺与总量过剩并存。一方面，农村优秀教师短缺，教师素质参差不齐，甚至部分学科无人任教；另一方面，不少城镇和城市学校教师相对过剩、人浮于事。

丁丹(2014)认为，农村骨干教师的流失导致了农村教师结构性失衡，扰乱了正常的教学秩序，使仍在农村教学岗位上的部分教师心理失衡，拉大了城乡师资水平的差距，并引发了农村生源的流失，给农村教育带来了无法估量的损失。

王凌霞、王开琳和马雪玉(2017)认为，农村教师隐性流失打破了学校教育系统的正常运行，引发了农村学校生态危机。

刘小强(2019)分析了教师流失对学校组织的负面影响，指出教师流失会降低学校教学质量、增加学校办学成本。

常芳、吴世瑾等人(2021)认为，对学校而言，农村教师流动会打断学校的原有计划和课程安排，影响教师之间的协作，短期内学校很难找到经验丰富且教学质量较高的教师。

杨智慧(2021)认为，大量的教师选择从普通学校或农村学校流向重点学校或城镇学校，但这种流动多呈现出一种单向无序的状态，这无疑加剧了城乡教师资源配置的不均衡，使得城乡学校形成"强更强，弱更弱"的不均衡发展趋势。

常亚慧(2021)认为，农村学校中青年教师大量流失，势必会造成教育质量的两极分化，薄弱学校因得不到教育资源，特别是优秀师资的及时更新和适当补充，师资结构将越来越失调，甚至学校正常的教育教学秩序也随之受到影响。

鲍薪光、于易和李祺(2021)从空间正义理论角度出发,认为教师流失会使学校生存空间受到挤压。

2. 农村教师流失对教师队伍的影响

农村教师选择流动或流失,对于他们个人而言,可能意味着发展机遇,但对于整个教师队伍而言,则可能会使教师队伍面临更多的挑战。

顾明远(2004)的研究指出,单向性的教师流动会导致严重的师资资源流失。而且,流失的教师多来自偏远和欠发达地区,这种情况影响了这些地区教师队伍的整体素质。

王龙、赵敏华和徐敬建(2009)认为,农村中小学教师流失带来的后果严重,不仅会导致农村教育教学质量下滑,造成教育资源的极大浪费,还因教师短缺导致大量农村代课教师的存在,进而造成师资不均衡。

杨柳(2016)认为,教师的流失导致学校教师数量减少,这增加了在岗教师的工作强度,进而降低了教育质量。另外,受从众心理的影响,在看到其他教师调动时,在岗教师内心也会随之产生波动,这可能会削弱其教学热情。

刘利香(2017)指出,农村中小学优秀教师的流出不仅带走了学校的优秀资源,还增强了留下教师的"向城性",导致这些教师很难全身心地投入到教学工作中去,总是在寻求适当时机以谋求更好的发展;另一方面,教师的流动,特别是优质教师的流出,在一定程度上会引发学生的流出,使得原本就生源不足的农村中小学招生更加困难。

王凌霞、王开琳和马雪玉(2017)认为,教师隐性流失会影响师资队伍稳定,使教师之间各种矛盾丛生,影响教师队伍的可持续发展。

张志杰和李月莹(2019)认为,农村教师流失往往会产生连锁效应,导致更多教师流失,出于攀比心理,留下来的教师也可能产生不平衡的心理,很难安心工作,从而使教师队伍出现不稳定因素。

李杏(2019)认为,农村教师的流失会导致教师群体不稳定,教师结构不合理,以及教师队伍综合素养的下降。在流失的教师中,大部分是学校的骨干教师,他们大多具有本科学历和丰富的教学经验,此类人群的流失导致学校教师结构失衡,中坚资源较少。

黄闯(2020)认为,农村教师持续性向城流动不利于农村教师队伍稳定和农村教育的均衡充分发展,难以满足农村社会对优质教育质量的需求和期望,进而影响到农村孩子的未来发展,严重阻碍了农村教育现代化进程和教育公平的实现。

杨智慧(2021)认为，农村教师向城镇流动不利于农村义务教育教师队伍建设。农村义务教育教师的不合理流动导致农村地区学校教师年龄结构、学历结构以及学科结构失衡，进而导致农村教师尤其是优秀教师不足，以及农村师资队伍质量的下降。

常亚慧(2021)认为，骨干教师的引进掠夺了农村学校的优秀师资，破坏了其教师梯队建设，导致农村学校缺乏有经验且优秀的中青年教师，尤其是男性教师的数量更是严重不足。

冯凯瑞和常顺利(2022)认为，县中学优秀名师、学科带头人的流失，会对留任县中学教师的自信心和积极性产生严重影响，留任县中学的教师久而久之也会产生逃离教师岗位的心理。

3. 农村教师流失对学生的影响

农村教师的流动或流失会给学生带来一定的负面影响。

邵晓强(2008)认为，教师流失无疑会影响学生的学习进度。而且，农村学校原本教师就比较紧缺，教师的进一步流失无疑是雪上加霜，使得农村学校的师资力量更加薄弱，学生的教育质量更加没有保障。

张祥明(2010)指出，中青年骨干教师的流失导致流出学校的教学质量下降，学生和家长的心理受到不同程度的影响，常常连带导致优质生源的外流，从而产生非常大的负面影响。

邬志辉(2012)指出，大量农村教师的离开严重影响了农村教育，给最弱势的农村群体带来极大的危害，加剧了农民子女社会排斥的代际传递，导致贫困家庭难以出人才，致使农村难以实现向上流动，造成了严重的社会问题。

杨柳(2016)认为，由于中小学生对教师的依赖性较强，教师的频繁更换可能导致学生产生不安和自卑的心理状态，进而影响学生人际交往能力的生成。一些敏感的学生可能会不自觉地把教师离开归因于自己不够努力，从而出现自我否定的情绪，影响学生的成绩与发展。

王凌霞、王开琳和马雪玉(2017)认为，教师隐性流失会影响学生的学习效果，并且农村中学教师的隐性流失也是对学生受教育权的一种侵害。

张志杰和李月莹(2019)认为，农村教师流失使学生们面临极大挑战，需要不断地适应新教师的教学方法。教师更换过于频繁难免会给学生学习带来不利影响，导致学生学习成绩下降，进而会影响学校的教学质量。

李杏(2019)认为，流失的教师大多都是年轻有为的老师，代替流失教师教学的一般是外聘代课教师，或者是学校内其他教师兼任。上述两类方式，无法确保良好的教学质量，农村教师流失会导致学生丧失学习积极性，同时会影响学生的班级忠诚感。

苏鹏举、张斌和王海福(2020)认为，教师流失不仅给学生学习效果带来不良影响，同时也对学生系统掌握知识有负面影响。

常芳、吴世瑾等人(2021)认为，农村教师流动打乱了师生之间已经建立的稳定关系，对学生尤其是贫困生的学业表现产生了负面影响。

杨智慧(2021)认为，农村教师单向无序流动，使得城乡学校形成"强更强，弱更弱"的不均衡发展趋势，导致农村地区适龄儿童和少年享受优质教育资源的权利得不到保障，这已经背离了教育公平的原则，严重影响了城乡义务教育的均衡发展。

1.4.4　关于教师流动对策的研究

在解决农村教师流失问题的对策上，学者们普遍认同需要加强政策引导与经济投入，并高度重视教师的职业发展。他们还提出了包括教师交流、地域补偿及制度保障等在内的多项具体措施。

1. 学校层面

从学校层面出发，农村学校应完善管理体制、优化组织结构、改善工作环境和教学条件等，从而吸引并留住优秀教师。

韩淑萍(2009)认为，实现教师合理流动的首要任务是改变管理者的观念，把教师看作"系统人"而非"单位人"，且要关注教师作为"社会人"的基本需求，创造条件帮助教师解决子女上学和夫妻分居等问题。

李艳丽(2013)指出，要想留住农村教师，不仅要满足教师生活的需要、安全的需要、爱和归属的需要以及尊重的需要，还应满足他们的精神需求和社会地位需求。对于收入较高的教师来说，精神层面的满足更为重要，学校可以增加这方面的奖励，比如增设优秀教师等荣誉称号，宣传和学习优秀教师的事迹。

倪金元(2013)对中学青年教师特点进行了分析，提出了有效管理青年教师的对策，包括：从思想上对青年教师加以引导；给予青年教师足够的成长空间和时间；积极为青年教师解决生活和工作上的困难；采取多种措施激励青年教师。

赖德信(2014)强调，要完善学校的激励机制，在考核、奖惩、晋升等方面都要严格执行，鼓励教师积极工作。

张伟和蒋伟丽(2014)非常重视校长的作用，他们认为校长是一个学校建设的关键，在一定程度上影响着教师流失，因此，校长要在各方面有很强的领导力。

于冰和于海波(2015)强调，要改善薄弱学校的硬件环境和软件环境，使学校更具吸引力。

贺心悦和谢延龙(2016)提出，要重新建立以人为本的学校管理理念、完善合理有效的运行体系以及优化公平正义的制度设置来突破目前教师流动制度面临的现实困境。

孙忠毅(2018)提出，要为农村特岗教师建立良好的学校环境，并多维度地关注农村特岗教师的心理状况。

肖存娟(2018)提出，学校应注重人文关怀，增强教师的归属感，并鼓励农村教师进修以提升农村教师的发展空间。

彭知琼(2019)提出，采用民主化的管理模式，并提高教师在校园管理决策中的参与度，可以扭转农村教师流失的趋势。

罗梦园和张抗抗(2020)建议改进农村学校管理制度，营造和谐民主的管理氛围。学校应该让教师参与学校政策的制定，行政人员应加大对教师的人文关怀，尊重教师，充分考虑教师的家庭实际情况并给予帮助。此外，学校也要致力于推动教师之间亲密关系的建立，为教师提供发展空间，激励教师逐步实现自我价值。

陈俊珂和易静雅(2020)提出，学校领导应重视农村特岗教师的工作，给予农村特岗教师更多的肯定和鼓励，增强他们的自信心和价值感，尽可能地消除他们在工作中的不适感，使他们能够更好地融入学校的教学工作氛围，产生积极的情感体验。

李炳煌和胡玄(2020)建议改革领导干部任命制度，实施民主选举。通过选举找出真正适合学校管理的人才，以促使学校管理者更新办学理念，营造有利于教师专业发展的氛围，帮助一线教师实现自我价值。

2. 政策层面

常宝宁和吕国光(2006)建议采取特殊激励政策，鼓励优秀人才到贫困地区任教，并使优秀教师安心在本地区从事教育教学工作。

马莉莉(2007)建议制定合理的考核标准，完善教师评价制度，同时建立和健全教师进修的激励机制，并推行灵活多样的教师聘用机制。

王龙、赵敏华和徐敬建(2009)提出，应合理调整农村中小学布局，并建立城乡教师轮换制度。

谢华和段兆兵(2011)提出，应建立教师顶岗实习的长效机制，以解决农村教师短缺与师范院校实习基地不足的问题，并建立农村小学教师选录机制，把好农村教师入口关。

杨旭娇(2011)指出，农村特岗教师队伍建设存在的问题需要通过多种途径解决，包括提升教师待遇与地位，充分利用政策的导向机制，严格把控教师入口关，以形成教师的补充机制，并充分发挥名师效应。

龚继红(2011)提出，政府应采取措施破解城乡二元结构，实现区域协调发展，并且要提高农村教师的社会地位和职业声望，减轻农村教师的社会压力，增强农村教师的职业使命感。同时，政府还应积极引导社会形成正确的价值理念，营造全社会尊重和认同农村教师价值和贡献的良好氛围，提升农村教师的职业认同感和幸福感。只有提升农村教师的尊严，才能吸引并留住更多农村教师(尤其是优秀农村教师)终身从事农村教育工作。

吴志华、于兰兰和苏伟丽(2011)认为，解决农村教师流失的根本途径在于建立针对农村教师的补偿机制,包括生活保障性补偿、地域性补偿和发展性补偿。

蒲敏簪(2012)认为，应该从四个主要方面采取措施：一是完善义务教育阶段农村投入机制，重点向农村地区配置更多的教育资源；二是优化教师的管理制度，为确保教师合理流动，需要专门建立一套完善的制度；三是提高教师的工资待遇和社会地位，加强对教师队伍的建设；四是继续完善教师培训等各项工作，以提升教师的专业能力。

范先佐、曾新和郭清扬(2013)认为，要建设教师队伍，应该做到：教职工的编制标准要适当放松，以便于合理配置教师资源；加强教师人事制度的改革力度，对农村教师结构要进行适当调整；建立一套针对艰苦地区学校的教师补贴制度，鼓励优秀的教师去条件艰苦的学校任教。

杜琳娜(2014)提出，应保持城乡教师交流的持续性,促进农村教师专业发展。

范国锋、王浩文和蓝雷宇(2015)提出，要解决农村教师无序流动问题，不仅需要"感情留人""事业留人"，而且需要"待遇留人"。应提高农村地区教师的工资待遇，增加农村贫困地区教师的津贴补贴。

余必健和谭诤(2015)提出,要解决城乡教师单向流动问题,就要建立合理的教师流动机制,从教师调动、教师任用、教师激励、教师评价和监督五个方面来促进教师合理流动,缩小城乡教育差距。

魏玮和高有华(2015)认为,首先,我们应借鉴国外中小学教师流动的制度,构建本土化教师流动的实施方案和政策;其次,应加强政府部门对教育的管理和统筹职能,落实好教师的聘任制度;最后,应设立教师流动方面的专项资金,对教师资源匮乏的地区要加大帮扶的力度。

姜培靓(2016)指出,要解决教师不合理流动问题,需要重视并充分发挥教师流动非正式制度的作用,实现教师流动正式制度和非正式制度的深度融合;以教师需要和教师解放为核心设计教师流动制度功能的实现机制;等等。

杨云霞(2016)针对农村特岗教师队伍建设中出现的相关问题提出了解决的措施,她认为,要加强农村经济社会发展,逐渐缩小城乡之间的差距,加大农村教育资金投入,逐渐完善管理制度,并加大教师培训的力度。

娄立志和刘文文(2016)指出,为减少农村薄弱学校骨干教师流失,需要为骨干教师的子女教育设立特殊优待政策,建立骨干教师人才优待使用管理制度,保障骨干教师的绩效工资及待遇,提高生活补助标准,并建立骨干教师交流机制。

王亚(2018)提出,应完善"县管校聘"教师流动管理制度,健全学区走教制度,并完善师德师风核心引领机制等政策。

肖存娟(2018)提出,政府财政应该加大对教师流动的补偿性政策的扶持力度,凭借政府扶持性政策,吸引更多的人才。

王晓生和邬志辉(2019)从乡村振兴战略角度出发,认为国家应加快推进宜居宜业的美丽乡村建设,缩小城乡差距,进而留住农村教师。

姚怡超(2020)提出了改善欠发达地区城乡中小学教师流动失衡的建议,一方面,在保障机制上要继续加强制度层面的建设,另一方面,要注重加强非制度层面的科学引导,采取有力的举措,积极推进中小学教师合理有序地流动。

仲米领(2020)提出构建机动教师队伍,专门从事城乡校际间的教师流动工作,以期实现城乡教师流动政策范式的转变。同时,应启动新的机动教师配套福利政策,设计相应的流动程序,并构建机动教师考核与退出机制。

李炳煌和胡玄(2020)提出创新教师补充机制,具体包括培养广大青年对家乡的深厚感情,鼓励他们积极投身家乡发展,并选调部分在县外执教的教师回乡任教。此外,教育行政部门应加大对免费师范生的培养力度,定向培养户籍地的中小学全科教师，并在特岗教师的录用上优先考虑户籍地考生。

王明露和颜庆(2021)建议开放人才政策，保持师资动态平衡。对于农村教师队伍的建设，应进一步完善相应的教师流动政策，实施开放的教师人才政策，优化教师流动的顶层设计，不断创新教师流动政策的路径选择，深化教师队伍建设改革，创建更加积极、开放、有效的教师人才流动机制，缩小区域之间、城乡之间、校校之间的师资差距，使农村教师队伍在流动中保持平衡。

林攀登、周釜宇等(2021)提出拓展师资来源，形成以内部激活为主及与外部引进相结合的优质师资流动格局，引进多元主体，构建"基础性资源靠政府、个性化资源靠市场"的教育资源供给模式。

杨智慧(2021)提出，应加强对义务教育教师流动的政策引导，要坚持以柔性政策为主，刚性政策为辅，将两者有机地结合起来。必须贯彻落实教师流动政策，提高教师流动的意识，强化学校执行力度，建立健全教师流动监督机制。

陈娟和吴鹏(2021)提出建立经费投入机制，以改变城镇经费过剩、农村经费不足的现实情况。他们建议设立城乡学校一体化发展经费专款专用机制，明确规定城乡学校的教育教学设备配置、校舍建设、生均经费、教师待遇等方面的标准。同时，建立和完善交流合作机制，鼓励城镇的骨干教师和优秀教师积极踊跃地去农村任教，以实现城乡教育的均衡发展，并促进良性互动和双向沟通。此外，他们还建议建立健全管理问责机制，在城乡教师流动管理过程中，国家应不断强化监督力度，推行主要领导问责制度，并在各级政府的考核和官员晋升评价体系中，纳入推动城乡教师流动一体化的指标。

许雅莉和肖园丽(2022)提出建立规范化流动体制，引导农村教师合理流动，并建议通过政策倾斜来缩小城乡教师之间的收入差距。

欧阳修俊和谢水琴(2022)提出，坚持问题导向以促进城乡义务教育教师流动政策的"补缺"与完善，健全县域义务教育教师稳定补充和激励机制以保障教师流动政策的实施，探索义务教育教师"县管校聘"管理改革背景下新的教师流动机制。

冯凯瑞和常顺利(2022)提出，在国家政府层面，需要做好县中学教师队伍建设的顶层设计工作。在省级政府层面，需要统筹管理县中学师资建设，创新县中学教师队伍供给制度。县级政府层面，应结合县中学对师资队伍的实际需要，统筹分配教师编制。

1.5 研究现状评析

通过对已有研究的梳理和分析，对于教师流动，尤其农村教师的不合理流动，国内外的学者结合各自国家的实际情况做了大量研究，在理论和实践上都取得了丰富的研究成果，为后续研究的开展奠定了基础。但是国内已有相关研究仍然存在研究方法单一、研究视角有待拓宽和融合、对流失原因的分析不够深入、解决对策操作性不强等问题。

1. 研究方法单一，实证研究相对较少

与国外相比，我国在农村中小学教师流动行为研究上采用的研究方法较为单一，多以质性研究方法为主，而较为系统的实证研究成果较少。此外，我们还缺乏运用深度数据挖掘的统计方法，特别是像运用生存模型这样的现代统计方法，来对农村教师职业流动行为问题进行深入的定量研究。

2. 研究视角有待拓宽和融合

国内多数学者主要从教育学、心理学、管理学、社会学等单一学科视角来研究农村中小学教师流动行为。但教师流失问题是一个包含了很多因素的复杂问题，既有教育政策层面的问题、教师心理层面的问题、管理层面的问题，也与我国城乡二元结构有关。因此，我们需要不断地探索，并以更多角度切入，多学科、多视角融合，对农村中小学教师流失问题进行更加全面的分析，以找到最佳的解决方案。

3. 对农村教师流失原因的分析不够深入

在分析农村中小学教师流失的原因时，现有研究主要从经济、学校、社会等宏观层面进行分析，较少从农村中小学教师的情感体验、内心感受、职业追求、理想信念等方面来分析。由于农村教师所在地区、学校基本情况、教育政策等方面的差异，具体问题呈现出多样性。因此，在总结教师流失原因时，不能概括性地总结较为表面的原因，要依据具体的实际情况，因地制宜地提出适合当地发展需要的应对措施。

4. 对策研究的针对性和操作性有待加强

关于农村教师流失的应对策略研究，提出的建议多停留在理论探讨层面或宏观层面，实际应用中针对性不强，实效性欠佳。由于不同地方有不同的现实情况，因此应该结合当地具体情况，提出更加具有可操作性的方案。

本课题研究将从教育学、统计学、管理学、社会学、心理学等多学科相互融合的角度出发，以我国农村教师这一典型群体为研究对象，进行较为深入的实证调查和访谈，运用生存模型等现代统计方法，力求更为全面、准确地对当前我国农村中小学教师流动行为进行实证分析，并在此基础上提出更为合理的对策与建议。

1.6 研究的主要内容

主要研究内容划分为以下四个章节。

第 1 章为导论。主要介绍了研究背景、研究目的与研究意义、国内外研究现状、主要研究内容、研究思路，以及研究方法。

第 2 章为概念界定与理论基础。首先对农村教师流动问题所涉及的农村义务教育教师、教师流失等基本概念予以界定，接着对其所涉及的社会流动理论、教育公平理论、马斯洛需求层次理论、勒温的场论、库克曲线等基础理论予以介绍。

第 3 章为农村教师初职持续时间影响因素实证研究。本章首先利用单因素 Cox 比例风险回归模型和 Kaplan-Meier 分析方法从个体因素、家庭因素、学校因素、工作因素、社会因素和地区因素六个方面对农村教师初职持续时间影响因素进行实证分析，然后将单因素分析中差异有统计学意义的变量引入多因素 Cox 比例风险回归模型进行实证分析。

第 4 章为研究结论及政策建议。在实证分析的基础上，针对农村教师初职职业流动行为，分别从政府政策层面、学校层面、教师层面和农村环境层面提出解决问题的对策与建议。

1.7 研究思路

首先，本研究在仔细梳理前人研究成果的基础上，对农村教师流动问题进行分析，对相关概念予以界定，并介绍相关基础理论，从而获得本研究的理论支撑。其次，编制调查问卷、访谈提纲，对农村教师流动现状进行系统调查。然后，根据调查的数据，利用 Cox 比例风险回归模型和 Kaplan-Meier 方法分析农村教师初职持续时间的影响因素。最后，基于以上研究结论，提出具有可实施性的对策和建议，以促进教师实现有序、合理地流动，从而推动义务教育均衡发展。

本研究技术路线图如图 1-1 所示。

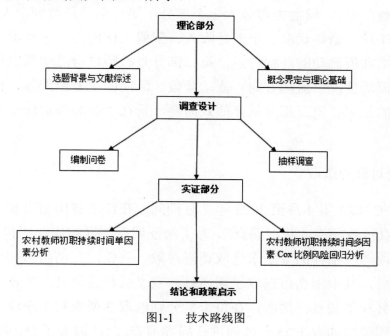

图1-1 技术路线图

1.8 研究方法

本研究以问卷调查为主要手段，辅以走访座谈的方式，采用定量研究与定性研究相结合、实证分析与理论分析相结合的研究方法，旨在实现研究成果的理论价值与实际应用价值相统一。

1.8.1 文献法

通过广泛查阅相关文献资料,了解目前学界关于职业流动的理论动向及关于农村教师流动问题的研究现状和研究成果,分析已有研究所取得的成就和存在的不足之处,为本课题研究的深入展开奠定基础。

1.8.2 问卷法

1. 问卷的编制

基于文献分析的结果,并结合我国农村教育的实际情况,编制"农村教师流动状况调查问卷"。问卷内容分为三个部分:第一部分是教师个人基本情况,包括性别、年龄、婚姻状况、个人月收入、配偶工作地点、子女就学状况等方面,旨在总结师资流动的现状特点;第二部分是教师自身流动状况调查,包括教师自身的流动情况、流动方向、流动频数、流动的主要原因等,旨在探讨师资流动失衡的原因;第三部分是开放式问题,旨在了解教师对流动政策的态度及看法。

2. 调查对象的选取

课题组在 2023 年 4 月至 2023 年 7 月期间,在江西省南昌市和福建省漳州市开展了"农村教师流动状况调查"。为了保证调查数据的代表性和科学性,采取分层多阶段随机抽样的方法来选取调查对象。首先,在南昌市和漳州市各随机抽取 3 个县,其中南昌市选取了南昌县、安义县和进贤县,漳州市选取了漳浦县、南靖县和平和县;接着,在每个县分别选取 3 所农村中小学。最后,在各学校内分别随机抽取了 25 名教师进行问卷调查,总计调查了 450 名农村教师,最终得到有效问卷 420 份,问卷有效率达到了 93.3%。

3. 样本特征

在 420 份有效问卷中,在性别构成方面,女教师有 277 人,占 66%,男教师有 143 人,占 34%。在年龄构成方面,25 岁及以下的教师有 77 人,占 18.4%,26 岁~35 岁的教师有 154 人,占 36.7%,36 岁~45 岁的教师有 120 人,占 28.6%,

46岁~55岁的教师有50人，占11.8%，56岁及以上的教师有19人，占4.5%。在婚姻状况方面，已婚教师有349人，占83.1%，未婚教师有71人，占16.9%。在职称构成方面，拥有中级职称的教师最多，有236人，占调查总样本的56.2%，其次为拥有初级职称的教师，有121人，占调查总样本的28.8%，拥有高级职称的教师最少，有63人，占调查总样本的15.0%。在学历构成方面，分布较为集中，被调查者中有57.9%具有大专文化程度，本科及以上文化程度的教师占总数的24.8%，拥有大专以下文化程度的教师最少，占17.3%。在学校类型构成方面，普通学校占60.0%，乡镇重点学校占26.7%，县(区)重点学校占13.3%。在学校所在位置构成方面，乡村学校占33.6%，乡镇学校占50.5%，城郊学校占15.9%。

1.8.3 访谈法

在问卷调查的基础上，通过与教育行政人员、学校主要领导及教师进行半结构式访谈，了解他们对职业发展、职业态度、学校管理等方面的看法和意见，为所提供的加强农村师资队伍建设对策建议挖掘更多的实证依据。本研究先后访谈了10人，在这10位访谈对象中，既有城郊教师，也有乡村教师；既有小学教师，也有初中教师；既有公办学校教师，也有民办学校教师；既有县教育局领导，也有普通任课教师和班主任；此外，还包括特岗教师、普岗教师，以及从特岗转为普岗的教师。

1.8.4 生存模型分析法

基于问卷调查的数据，本研究运用生存模型对农村教师初职持续时间影响因素进行定量研究。采用非参数法中的乘积极限法(Kaplan-Meier方法)和半参数法中的单因素Cox比例风险回归分析确定各变量对初职持续时间影响的显著性，然后根据显著的影响变量构建多因素Cox比例风险回归模型。

第 2 章　概念界定与理论基础

本章首先对农村教师流动问题所涉及的核心概念予以界定，接着对其所涉及的相关基础理论予以介绍，获得本研究的理论支撑。

2.1　核心概念界定

为了使研究范围更加清晰明确，本节将对研究过程中涉及的义务教育、农村义务教育、农村义务教育教师、教师流失等相关核心概念进行界定与阐述。

2.1.1　义务教育

2006 年 9 月 1 日开始施行的《中华人民共和国义务教育法》规定："义务教育是国家统一实施的所有适龄儿童、少年必须接受的教育，是国家必须予以保障的公益事业。实施义务教育，不收学费、杂费。国家建立义务教育经费保障机制，保证义务教育制度实施。"《中华人民共和国义务教育法》经历了多次修订，但上述核心内容始终未变，体现了国家对义务教育的高度重视和坚定承诺。

义务教育具有三大特征：第一，强制性，即由国家立法保障，并由国家强制执行，所有的适龄儿童、少年必须接受教育，家长和社会必须予以保障；第二，免费性，即不收学费、杂费。国家建立义务教育经费保障机制，保证义务教育制度实施。第三，统一性，国家制定了统一的义务教育阶段教科书设置标准、教学标准、经费标准、建设标准、学生公用经费的标准等等。

2.1.2　农村义务教育

农村这个概念有广义与狭义之分。广义上的农村指城市以外的地区，包括县镇和乡村。狭义上的农村指城镇以下的地区，即乡村地区。本研究中使用的农村概念指的是广义上的农村。

本研究将农村义务教育的含义界定为：依照国家法律规定，为县镇、乡村所有适龄的儿童、少年统一实施的，国家、学校、家庭必须予以保证的国民教育。

2.1.3　农村义务教育教师

根据义务教育、农村义务教育等概念的界定，本研究将农村义务教育教师的含义界定为：以所有县镇、乡村小学和初中的适龄儿童及少年为教育对象的教育教学人员，主要包括农村小学教师和农村初中教师。为了研究的方便，本书将农村义务教育教师简称为农村教师。

2.1.4　教师流失

教师流失是指教师脱离原单位、原地区或原行业而导致的教育资源的外流，以及由于继任教师教学能力的低下而引起教育质量下降的不合理的、非良性的教师流动。教师流失的形式多种多样，按不同标准可以区分为以下类型。

(1) 按照教师流失的状态可区分为显性流失和隐性流失。所谓显性流失，是指教师通过调离学校、自动离职、出国留学未归、辞职等方式，与原有学校完全脱离关系的行为，即我们俗称的"跳槽"。所谓隐性流失，是指在岗教师把大量的时间和精力投入第二职业，或由于连续的打击、压力、职业倦怠等，职业认同感、职业道德、专业素养等削减及缺失。

(2) 按照教师流失的程度可区分为完全流失和不完全流失。所谓完全流失，是指教师本人及其人事关系都完全脱离学校。如辞职、调动、考取研究生、考取公务员、出国定居等。所谓不完全流失，是指教师本人已离开了学校去别的地方工作或学习，但其人事关系仍然保留在学校，今后可能仍会回到学校。如停薪留职、借调、委培研究生、出国留学(非定居)、在职攻读学位等。

(3) 按照教师流失的流向可区分为绝对流失和相对流失。所谓绝对流失，是指教师改行流向学校以外单位(或部门)的一种流失形式。如调到党政机关或企事业单位、应聘到外企工作以及经商或创办实体企业等就属于绝对流失。所谓相对流失，是指教师从一所学校流向另一所学校的一种流动形式。这种流失之所以称之为相对流失，是因为，虽然就某一所学校来讲，教师流失了，但相对另一所学校或整个教育事业来说，并没有流失。

本书所研究的教师流失类型为显性的、完全的、相对流失。

2.2 研究的理论依据

本节介绍了研究过程中所涉及的相关理论，包括社会流动理论、教育公平理论、需求层次理论、勒温的场论、库克曲线、组织寿命理论、人力资本理论、目标一致理论、推拉理论等基础理论，为建立教师合理流动机制的政策建议提供理论支持。

2.2.1 社会流动理论

社会流动理论由美国社会学家索罗金(Pitirim A. Sorokin)于1927年提出。索罗金认为："社会流动意味着个人或社会的事物及价值，即由人类活动所创造的或改变的一切事物从一个社会位置向其他社会位置的移动。"索罗金将社会流动分为垂直流动和水平流动。垂直流动是指，在社会分层体系中，个人或群体跨越等级界限的位置移动。根据移动方向的不同，又可进一步划分为向上流动和向下流动。前者指从较低地位向较高地位的流动；后者指从较高地位向较低地位的流动。水平流动是指，个人或群体在同一等级的不同位置之间进行的横向移动，这种流动不会改变人们在社会等级序列中所处的地位。索罗金认为，垂直流动具有一种稳定的影响，可以给处于较低地位的人提供破坏现行制度的动机，较高的社会流动率可以作为一种安全阀，它能够释放较低社会阶层人士的不满。而水平流动则不会造成人们在社会等级序列中所处地位的改变。

农村教师作为普通的社会群体，其流动也是社会流动的一种。因此，可以运用社会流动理论来分析农村中小学教师流动和流失现象，这有利于促进农村教师的合理流动，在一定程度上有助于推动农村教师队伍的可持续发展，促进农村师资队伍建设。同时，该理论也为深入分析农村教师流动和流失的影响因素以及各因素间的内在关联和外在影响提供了理论指导。

2.2.2 教育公平理论

在教育公平的相关理论研究中，比较有代表性的人物有约翰·罗尔斯、托尔斯顿·胡森与詹姆斯·科尔曼。美国著名哲学家约翰·罗尔斯(John Rawls)从社会正义的角度阐述了他的社会公平观，他在著作《正义论》中，提出了正义原则，包括平等自由原则、差别原则和机会公平原则。瑞典著名教育学家托尔斯顿·胡森(Torsten Husen)认为，教育机会的均等有三种含义：一是起点均等，每个人都拥有进入教育系统学习的机会而不受任何歧视；二是过程均等，个体或群体在教育的不同部门和领域内经历和参与的教育的性质和质量能够保障自己得到自身所需要的教育；三是结果均等，指学业成就和教育效果的平等。美国教育学者科尔曼(James S. Coleman)提出的关于教育公平的四个标准分别是：(1)教育起点或入学机会的公平；(2)教育过程的公平；(3)教育结果的公平；(4)教育后就业机会的公平。

从教育公平理论来看，教师合理流动就是为了解决教育不公平、教育不均衡的现象。通过政府主导的资源配置模式，推动教师流动，特别是将优质教师资源向农村地区倾斜，以解决薄弱地区学校教师资源不足、质量不高的问题。这样才能使教育的公平和正义得以体现。

2.2.3 需求层次理论

需求层次理论由美国心理学家亚伯拉罕·马斯洛(Abraham H. Maslow)于1943年提出。马斯洛认为，人们的需求具有不同的层次，从低到高依次是生理需求、安全需求、社交需求、尊重需求和自我实现需求五个方面的需求(如图2-1所示)。其中生理需求、安全需求、社交需求属于较低层次的需求，通过借助外部条件人们可以得到满足；而尊重需求和自我实现需求则是高级需求，通过内部因素才能得到满足。一个人对尊重需求和自我实现需求是无止境的。

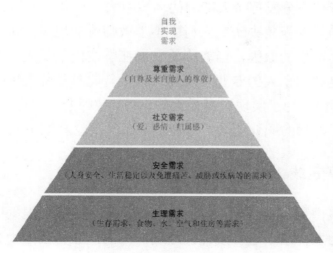

图2-1 马斯洛需求层次理论图

从马斯洛需求层次理论视角去研究农村中小学教师流动和流失问题,可以更加深入地剖析农村中小学教师的流动和流失动机,进而分析原因。这有利于科学统筹规划,有针对性地改进和完善现有的各项制度以及管理方式,制定科学的激励措施,以提升农村教师的工作积极性和满意度,真正做到吸引来人才、留得住人才、培养好人才。

2.2.4 勒温的场论

勒温的场论由美国心理学家库尔特·勒温(Kurt Lewin)于1936年提出。勒温认为,个人能力和条件与其所处的环境直接影响个人的工作行为,人的工作行为会随着环境和能力的变化而变化,个人工作行为与个人能力、条件、环境之间存在着一种类似物理学中的场强函数关系。由此他提出了如下的个人与环境关系的公式:$B=f(P, E)$。其中,B 表示一个人的行为;P 表示一个人的能力和条件;E 表示所处环境;f 为函数。该公式表示,一个人所能创造的行为不仅与其个人的能力和素质有关,而且还与其所处的环境密切相关。当一个人处在恶劣的工作环境中(如人际关系不和谐、薪酬福利待遇不公平、领导专制武断、办公条件差、激励机制不健全、晋升机会少、工作压力大等),就会产生不满情绪,工作积极性不高,因此很难发挥个人能力和创造性,从而无法圆满完成工作任务,进而影响组织绩效。一般而言,个人对环境往往无能为力,环境也不会因为少数人而发生改变。因此,改变的方法就是离开现有环境转换到更适合自身发展,能够充分发挥个人能力的环境中去,这就形成了人才流动。

从勒温的场论视角去研究农村中小学教师流动现象,可深入地剖析农村中小学教师流动产生的原因,当教师的发展在学校内部受阻,即由于种种原因,学校无法满足教师个人的专业发展需求时,若此时教师还留在该校,其个人能力很难得以发挥,为了实现自身最大的价值,教师会为自己寻找新的职业机会,于是便出现了教师的职业流动,这在一定意义上就产生了人才的流动。

2.2.5 库克曲线

库克曲线由美国学者库克(Kuck)提出。库克曲线是根据研究生毕业参加工作后的创造力发挥水平进行统计并绘制而成的,它将创造力分为导入期、成长期、成熟期、初衰期和衰减稳定期,如图2-2所示。

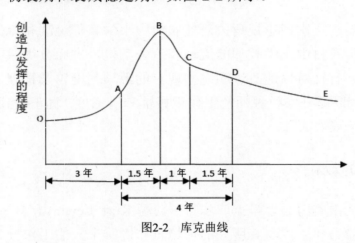

图2-2 库克曲线

图 2-2 中 OA 段是创造力的导入期,表示研究生在 3 年的学习期间创造力的增长情况;AB 段是创造力的成长期,表示研究生毕业后在参加工作的初期,面对新任务的挑战、新环境的激励以及工作带来的新鲜感,创造力会较快增长;BC 段为创造力的成熟期,也是创造力发挥的峰值区,这一峰值水平大约可以保持一年时间,是出成果的最佳时期;CD 段为创造力的初衰期,这个阶段创造力开始慢慢下降,持续时间为 0.5 年~1.5 年;DE 段为创造力的衰减稳定期,创造力在这个阶段持续下降并保持在一个稳定值,如不改变环境和工作内容,创造力将在低水平上徘徊不前。

库克曲线对教师流失研究同样具有指导意义,它虽然只是针对研究生创造力情况的调查统计曲线,但通过它,我们可以认识到教师创造力的发挥也是有增长、稳定和衰退周期的。从库克曲线中我们可以发现，要保持教师较高的创造力，必须采取恰当的措施促进教师的合理流动，这不仅是提高教师自身创造力的需要，也是提高教师教育教学能力和教育质量的需要，更是促进教育公平发展的需要。

2.2.6 组织寿命理论

组织寿命理论由美国学者丹尼尔·卡兹(Daniel Katz)提出。卡兹通过大量的调查研究发现，组织内信息沟通水平和组织获取成果的能力决定着这个组织的寿命长短。他根据调查统计结果绘制出了著名的卡兹曲线，如图2-3所示。

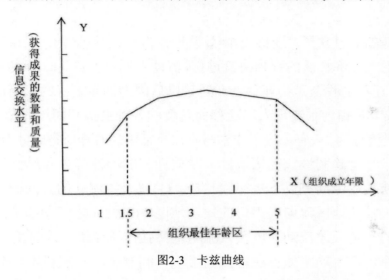

图2-3 卡兹曲线

图 2-3 所示曲线表明，组织和人一样有成长、成熟和衰退的过程。组织在不到 1.5 年这个时间段里属于成长期，由于其成员互相还不熟悉，信息交换水平不高，获得成果也不多；在 1.5 年～5 年这个时间段里属于成熟期，是获得成果的最佳时期，在这一时期中一起的工作成员逐渐熟悉，信息交换水平越来越高最后达到峰值；超过 5 年属于衰退期，这一时期中由于成员之间过于熟悉，形成思维定式，会导致反应迟钝和认识趋同化，这时组织会呈现出老化和丧失活力的迹象。

卡兹的组织寿命理论论证了人才流动的重要性。学校实际上也是组织的一种，因此加强教师流动既能够有效提升教学质量，也能够帮助教师更好地发展。学校要定期招聘或借调新教师，给学校发展增添活力，并引入新的教学理念与模式，以切实提升教学质量。对于教师而言，应适时变换工作单位，主动寻求新的环境与挑战，避免出现职业疲倦，同时接触新的理论与教学模式，提升自我素养，从而更好地去实现自己的梦想。

2.2.7 人力资本理论

人力资本理论由美国经济学家西奥多·舒尔茨(Theodore W. Schultz)于20世纪60年代提出。舒尔茨认为，人力资本是体现在人身上，可以被用来提供未来收入的一种资本，是指人类通过经济活动所获得并具备的，能够持续产生和增值收益的能力，包括个人所具备的才干、知识、技能和资历。人力资本的形成需要进行投资，包括四种形式，即各级正规教育、在职培训、健康保健和劳动力流动。

他在此基础上建立了"迁移成本-效益理论"，该理论认为，人口经济性流动是人们追求更大经济收益的行为决策过程，流动者通过实施这一行为将会得到比较大的收益。迁移的收益是指迁移者在迁移以后因为拥有更好的机会而增加的收入。迁移的成本是指为了实现人口迁移而花费的各种直接和间接的费用。迁移作为一种个人投资行为，只有在投资成本与收益相抵消后有净所得时才有可能发生。

人力资本具有趋利性、高增值性、时效性和能动性等多重属性。人力资本的上述属性使人才流动有以下规律和趋势：(1)就人才流动的方向而言，一般多从低工资的欠发达地区流向高工资的发达地区；(2)就人才流动的类型而言，人力资本较高的特定人才流动速度快，流动意愿强，易导致供求失衡；(3)就流入的组织特征而言，流动主体更愿意流向组织体制健全、管理科学、分配公平、团队氛围融洽的组织。

综上所述，人力资本的这些属性确实对教师的流动起到了关键性的作用，揭示了人才流动的必然性。从而我们可以得出结论，教师流动的实质可看作是教师人力资本的流动，因此要理解教师流动的必然性、把握教师流动的基本规律，必须建立合理的教师流动机制。对于教师而言，不断地流动是一种投资手段，通过流动，教师的人力资本将会得到更好的发挥。合理的教师流动不仅能实现个人效益的最大化，而且能实现地区、社会、国家效益的最大化。教师流动到新的学校，将会给学校带来新的教学思维和新的教学方法，为学校增加创造性和活力。如果流出的教师刚好也是这个学校所急需的人才，虽然在一定程度上造成了原来学校的教师流失，但也能促使原来学校采取积极的措施，通过引进优秀教师以弥补现有教学中的不足。

2.2.8 目标一致理论

目标一致理论由日本学者中松义郎提出。中松义郎认为，个人潜能的发挥与个人和群体方向是否一致之间存在着某种可以量化的函数关系，其关系如图2-4所示。

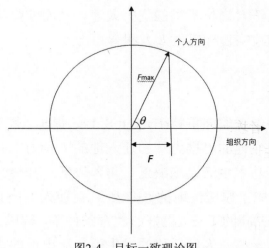

图2-4 目标一致理论图

图中 F_{max} 表示个人潜在的最大能力，θ 为个人目标与组织目标之间的夹角，表示个人目标与组织目标之间的偏离程度，F 则表示个人实际发挥出的能力，因此 $F=F_{max}\times\cos\theta(0°\leqslant\theta\leqslant 90°)$。可以看出，当个人目标与组织目标一致时，$F_{max}$ 与 x 轴重合，$\theta=0°$，$\cos\theta=1$，$F=F_{max}$，即个人的潜在能力发挥至最大值。当 $\theta>0°$ 时，个人目标与组织目标存在偏差，则 $F<F_{max}$，即个人的潜在能力发挥受到阻碍。θ 角度越大，个人目标与组织目标之间的偏离程度越大，个人的发展越不顺畅。

针对个人目标与组织目标不一致，进而影响个人能力发挥和降低组织绩效的问题，中松义郎认为有两种途径可以解决：首先，个人或组织可以调整自身目标，向对方靠近。一方面，个人可以根据组织的整体环境，调整自身目标，尽量使个人目标趋近于组织目标；另一方面，组织也要及时了解员工需要，为个人实现目标提供相应的条件。但是由于价值观、经营理念等的不同，这样做往往很困难。其次，员工可以流动到与个人目标一致或者基本一致的组织中去。一方面，员工由于可以实现自身目标，因此其积极性和创造性能够得到发挥，从而能更好地实现自身价值；另一方面，组织也能从中获益。因此，当组织目标与个人目标不一致时，人才往往选择流动，而不是对个人目标进行调整。

总体而言，目标一致理论告诉我们，学校管理者在实际管理工作中，应当注意学校的实际状况，根据学校既定的发展战略目标，进行科学的调整和实施。同时，应将人才流动策略合理地应用到管理工作中，以确保学校的发展目标与个人的发展目标相互适应。教师个体也可以通过流动，找到更多的发展机会，提升个人事业发展空间；学校通过教师个体流动，可以优化学校人才队伍，找到既适合学校发展又符合岗位需求的优秀人才，从而使得学校的人才队伍保持活力，为实现学校的战略目标提供人力和智力支持。

2.2.9 推拉理论

推拉理论由美国学者埃弗雷特(Everett S. Lee)提出。埃弗雷特认为，人口迁移的根本原因是原居住地的"推力"和迁入地的"拉力"共同作用。原居住地的失业、耕地不足、基本生活设施缺乏、收入较低、社会经济和政治关系的紧张、自然灾害等，构成了原居住地的"推力"，促使人们向其他地区迁移；迁入地更好的就业机会、更高的工资、更好的教育条件等，构成了迁入地的"拉力"，吸引人们向这一地区转移。人口迁移的发生就是流出地的推力与流入地的拉力两种力量共同作用的结果。

如果农村教师所在的学校不能满足教师的期望，将产生消极"推力"，促使农村教师离开现有服务学校而流向其他学校；若社会环境对教师产生积极的影响，则将产生"拉力"，吸引农村教师考虑离开其工作的学校。只有当"推力"和"拉力"同时较强时，才会对农村教师的流失产生最大的影响；当其中一项较强，而另一项较弱时，农村教师可能会继续服务于其所供职的学校并继续观望；当"推力"和"拉力"的影响都较弱时，农村教师则更倾向于选择继续服务于其所供职的学校，如图2-5所示。

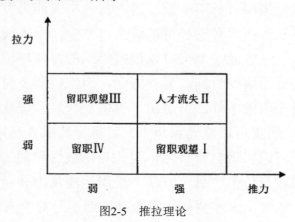

图2-5 推拉理论

第 3 章 农村教师初职持续时间影响因素实证研究

本章基于问卷调查数据,运用生存模型对农村教师初职持续时间影响因素进行定量研究。首先采用半参数法中的单因素 Cox 比例风险回归模型和非参数法中的乘积极限法(Kaplan-Meier Method)确定各变量对初职持续时间影响的显著性,然后根据显著的影响变量构建多因素 Cox 比例风险回归模型。

3.1 农村教师初职持续时间单因素分析

本节利用单因素 Cox 比例风险回归模型和 Kaplan-Meier 分析方法,从个体因素、家庭因素、学校因素、工作因素、社会因素和地区因素等多个方面对农村教师初职持续时间影响因素进行实证分析。

3.1.1 变量与方法

1. 变量选取

(1) 被解释变量

本研究被解释变量为农村教师第一份工作的持续时间,文献中常称为生存时间,分为以下两种情况。

情况一，对于发生过职业流动的教师，调查问卷中调查了其"第一份教职工作开始年份、月份"，"第一份教职工作结束年份、月份"的问题。因此，本研究将第一份教职工作结束的年份、月份与其开始的年份、月份之差，转换为月度计数，得出第一份教职工作的精确持续月数，即为教师初职的持续时间。

情况二，对于未发生过职业流动的教师，即直到调查的截止时间(2023年4月)前未发生过职业流动的教师，被视为右删失样本。

(2) 解释变量

综合国内外相关研究成果，将农村教师初职持续时间影响因素分为六大类(如表3-1所示)，第一类是教师个体因素，包括性别、年龄、婚姻状况、文化程度等；第二类是家庭因素，包括配偶工作地点、家庭是否有老人需要照顾、家庭年收入、子女就学状况、子女人数等；第三类是学校因素，包括学校性质、学校地理位置、学校层次等；第四类是工作因素，包括与领导的关系、与同事的关系、与学生的关系、晋升机会等；第五类是社会因素，包括社会压力、所任职学校的教师职业流动情况、职业价值认同、教师对自身职业社会地位的评价、城乡教师待遇差距等；第六类是地区因素，包括地区变量。

表3-1 模型变量说明

变量类型	变量名称	变量属性	变量定义
被解释变量	农村教师初职持续时间	连续变量	对于发生过职业流动的教师，以初职的开始时间为起点，结束时间为终点，计算初职的持续时间，该情况为完全数据；对于未发生过职业流动的教师，即直到调查的截止时间仍没有发生过职业流动，为右删失数据
	流失状态	二分类变量	留任=1，流失=0
个体因素	性别	二分类变量	男性=1，女性=0
	年龄	有序变量	25岁及以下=1，26岁～35岁=2，36岁～45岁=3，46岁～55岁=4，56岁及以上=5
	婚姻状况	二分类变量	已婚=1，未婚=0
	文化程度	有序变量	大专以下文化程度=1，大专文化程度=2，本科及以上文化程度=3
	职称	有序变量	初级职称=1，中级职称=2，高级职称=3
	是否担任班主任	二分类变量	是=1，否=0

(续表)

变量类型	变量名称	变量属性	变量定义
个体因素	是否任教毕业班	二分类变量	是=1，否=0
	每周课时数	有序变量	10 节及以下=1，11~15 节=2，16~20 节=3，21~25 节=4，26 节及以上=5
	任教年级	二分类变量	初中=1，小学=0
	任教学科	二分类变量	主科=1，副科=0
	任教科目数	有序变量	1 科=1，2 科=2，3 科=3，4 科及以上=4
	任教班级数	有序变量	1 个班=1，2 个班=2，3 个班=3，4 个班及以上=4
	个人月收入	有序变量	2000 元及以下=1，2001~3000 元=2，3001~4000 元=3，4001~5000 元=4，5001 元及以上=5
	是否有编制	二分类变量	有=1，没有=0
	在校职务	有序变量	一般教师=1，中层干部=2，教研组长=3，校级领导=4
	教师来源地	二分类变量	本地=1，外地=0
	健康状况	有序变量	非常差=1，比较差=2，一般=3，比较好=4，非常好=5
	是否为骨干教师	二分类变量	是=1，否=0
	是否为中国共产党党员	二分类变量	是=1，否=0
	是否从师范院校毕业	二分类变量	是=1，否=0
	承担科研项目级别	有序变量	无科研项目=1，校级=2，县级=3，市级及以上=4
	任教岗位	二分类变量	特岗教师=1，普岗教师=0
	是否为支教教师	二分类变量	是=1，否=0
家庭因素	配偶工作地点	二分类变量	本地=1，外地=0
	家庭是否有老人需要照顾	二分类变量	有=1，没有=0
	家庭年收入	有序变量	7 万元以下=1，7~12 万元=2，12 万元及以上=3

(续表)

变量类型	变量名称	变量属性	变量定义
家庭因素	家庭人口数	有序变量	3个及以下=1，4个=2，5个=3，6个及以上=4
	子女就学状况	有序变量	幼儿园=1，小学=2，初中=3，高中=4，大学=5，已工作=6
	子女人数	有序变量	1个=1，2个=2，3个及以上=3
	家庭关系	有序变量	很不融洽=1，不太融洽=2，一般=3，比较融洽=4，很融洽=5
	家庭是否有6岁以下儿童	二分类变量	有=1，没有=0
学校因素	学校性质	二分类变量	公办学校=1，民办学校=0
	学校地理位置	多分类变量	城郊=1，乡镇=2，乡村=3
	学校层次	有序变量	普通学校=1，县(区)重点=2，乡镇重点=3
	学校办学规模	有序变量	1000人及以下=1，1001～1500人=2，1501人及以上=3
	学校类别	二分类变量	初中=1，小学=0
	学校所在地的经济发展水平	有序变量	差=1，中=2，好=3
	学校到县城的距离	有序变量	20公里及以下=1，21～40公里=2，41～60公里=3，61公里及以上=4
工作因素	与领导的关系	有序变量	很不融洽=1，不太融洽=2，一般=3，比较融洽=4，很融洽=5
	与同事的关系	有序变量	很不融洽=1，不太融洽=2，一般=3，比较融洽=4，很融洽=5
	与学生的关系	有序变量	很不融洽=1，不太融洽=2，一般=3，比较融洽=4，很融洽=5
	晋升机会	有序变量	很小=1，比较小=2，一般=3，比较大=4，很大=5
社会因素	社会压力	有序变量	很小=1，比较小=2，一般=3，比较大=4，很大=5
	所任职学校的教师职业流动情况	有序变量	很少=1，比较少=2，一般=3，比较多=4，很多=5
	职业价值认同	有序变量	非常不认同=1，比较不认同=2，一般=3，比较认同=4，非常认同=5

(续表)

变量类型	变量名称	变量属性	变量定义
社会因素	教师对自身职业社会地位的评价	有序变量	下层=1,中下层=2,中层=3,中上层=4,上层=5
	城乡教师待遇差距	多分类变量	城乡没多大区别=1,城市教师待遇高很多=2,城市教师待遇稍微低些=3
	不同行业待遇差距	多分类变量	不同行业待遇差距差不多=1,教师收入水平低于本地其他行业同条件人员=2,教师收入水平高于本地其他行业同条件人员=3
地区因素	地区	二分类变量	福建=1,江西=0

2. 统计方法

以农村教师初职持续时间作为被解释变量,以各影响因素作为解释变量,利用 SAS 软件建立单因素 Cox 比例风险回归模型,分析各因素对农村教师初职持续时间的影响。利用 Kaplan-Meier 法计算不同组别农村教师初职持续时间平均数、中位数及其 95% 置信区间,采用 Log-rank、Wilcoxon 和-2Log(LR)进行整体性差异显著性检验,运用 Log-rank 检验进行组间两两比较。

Cox 比例风险回归模型的基本形式为

$$h(t,X) = h_0(t)\exp(\beta_1 x_1 + \beta_2 x_2 + \cdots + \beta_k x_k) \qquad (式3\text{-}1)$$

式中:
- t 表示农村教师初职持续时间;
- x_i 为解释变量,表示影响农村教师初职持续时间的因素;
- β_i 是偏回归系数,表示解释变量 x_i 对农村教师初职持续时间的影响;
- $h(t, X)$ 是在受各种影响因素 X 的作用下,农村教师在时刻 t 流失的风险函数;
- $h_0(t)$ 为基准风险函数,表示在不受各种影响因素 X 的作用下,农村教师在时刻 t 流失的风险函数。

当 $\beta_i > 0$,表示该变量是危险因素,变量 x_i 增加时,农村教师初职持续时间越短,流失风险越高;当 $\beta_i < 0$,表示该变量是保护因素,变量 x_i 增加时,农村教师初职持续时间越长,流失风险越低。

任两个个体风险函数之比,即风险比(Hazard Ratio)为

$$HR = \frac{h_i(t,X)}{h_j(t,X)} = \frac{h_0(t)\exp(\beta_1 x_{i1} + \beta_2 x_{i2} + \cdots + \beta_k x_{ik})}{h_0(t)\exp(\beta_1 x_{j1} + \beta_2 x_{j2} + \cdots + \beta_k x_{jk})} \quad \text{(式3-2)}$$
$$= \exp[\beta_1(x_{i1} - x_{j1}) + \beta_2(x_{i2} - x_{j2}) + \cdots + \beta_k(x_{ik} - x_{jk})]$$
$$i \neq j, \ i,j = 1,2,\cdots,n$$

当风险比为 1 时，表示该解释变量对农村教师初职持续时间没有影响。当风险比大于 1 时，表示该解释变量会增加农村教师初职流失的风险，即缩短了农村教师初职持续时间；当风险比小于 1 时，表示该解释变量会减少农村教师初职流失的风险，即延长了农村教师初职持续时间。

3.1.2 个体因素对农村教师初职持续时间的影响

1. 性别

将农村教师初职持续时间作为被解释变量，性别(x_1)作为解释变量，构建单因素 Cox 比例风险回归模型。模型的形式为

$$h(t,X) = h_0(t)\exp(\beta_1 x_1) \quad \text{(式3-3)}$$

利用 Kaplan-Meier 法计算不同组别农村教师初职持续时间平均数、中位数及其 95%置信区间，采用 Log-rank、Wilcoxon 和-2Log(LR)进行整体性差异显著性检验，运用 Log-rank 检验进行组间两两比较。

SAS 软件相关分析结果如表 3-2～表 3-6 所示。

表3-2 模型的拟合优度

标准	未引入解释变量	引入解释变量
-2LOGL	1674.887	1651.459
AIC	1674.887	1653.459
SBC	1674.887	1656.541

表3-3 模型整体显著性检验

检验方法	卡方值	自由度	p值
Likelihood Ratio 检验	23.428	1	<0.001
Score 检验	24.360	1	<0.001
Wald 检验	23.215	1	<0.001

表3-4 模型的参数估计及检验

变量	自由度	参数估计值	标准误	卡方值	p值	风险比	风险比95%置信区间	
							下限	上限
x_1	1	0.769	0.160	23.215	<0.001	2.157	1.578	2.949

表3-5 不同性别教师初职持续时间整体比较

检验方法	卡方值	自由度	p值
Log-rank 检验	25.981	1	<0.001
Wilcoxon 检验	10.292	1	<0.001
-2Log(LR)检验	28.668	1	<0.001

表3-6 比例风险检验

时依协变量	卡方值	自由度	p值
$x_1*\ln(t\_)$	2.208	1	0.137

模型的拟合优度分析显示(表3-2)，引入性别变量后，模型的拟合效果显著增加。带解释变量的-2LOGL、AIC和SBC值均小于不带解释变量的模型。引入性别变量后，模型的-2LOGL值减少了23.428，AIC值减少了21.428，SBC值减少了18.346。模型整体显著性检验显示(表3-3)，无论是Likelihood Ratio检验、Score检验还是Wald检验，p值均小于0.001，表明三个检验都拒绝了总体参数为零的原假设。

模型的参数估计及检验显示(表3-4)，在0.01的显著性水平下，性别变量通过了显著性检验，这说明所引入的性别变量对教师初职持续时间有显著影响。性别变量风险比的点估计值为2.157，表明男教师的流失风险是女教师的2.157倍。从置信下限来看，前者的风险比至少是后者的1.578倍。由此可以认为，女教师工作相对更加稳定。

对不同性别的教师初职持续时间进行Kaplan-Meier估计，结果显示，女教师初职持续时间中位数比男教师多5.8年，采用Log-rank、Wilcoxon和-2Log(LR)进行整体性差异显著性检验，结果显示(表3-5)，3个检验统计量的p值均小于0.001，表明不同性别的教师初职持续时间中位数差异极显著。

虽然Cox模型对生存时间的分布没有任何限制，但在估计参数β的过程中却假设协变量β的效应不随时间改变，即协变量对风险率作用的强度不会随时间变化而变化。为了避免误用，本研究采用 Cox(1972)提出的时依协变量检验法，即在模型中加入一个含时间的交互作用项 $x*\ln(t\_)$，检验该交互作用项是否显著，考察协变量是否满足比例风险假设。其原假设是协变量与时间的相关系数为零，模型符合比例风险的假设。模型的比例风险检验显示(表 3-6)，时依协变量的 p 值大于 0.1，说明性别变量满足比例风险假定。

2. 年龄

将农村教师初职持续时间作为被解释变量，年龄(x_2)作为解释变量，构建单因素 Cox 比例风险回归模型。模型的形式为

$$h(t,X) = h_0(t)\exp(\beta_2 x_2) \tag{式3-4}$$

利用 Kaplan-Meier 法计算不同组别农村教师初职持续时间平均数、中位数及其95%置信区间，采用 Log-rank、Wilcoxon 和-2Log(LR)进行整体性差异显著性检验，运用 Log-rank 检验进行组间两两比较。

SAS 软件相关分析结果如表 3-7～表 3-12 所示。

表3-7 模型的拟合优度

标准	未引入解释变量	引入解释变量
-2LOGL	1721.646	1649.610
AIC	1721.646	1651.610
SBC	1721.646	1654.734

表3-8 模型整体显著性检验

检验方法	卡方值	自由度	p值
Likelihood Ratio 检验	72.036	1	<0.001
Score 检验	78.346	1	<0.001
Wald 检验	73.303	1	<0.001

表3-9 模型的参数估计及检验

变量	自由度	参数估计值	标准误	卡方值	p值	风险比	风险比95%置信区间	
							下限	上限
x_2	1	-0.537	0.063	73.303	<0.001	0.584	0.517	0.661

表3-10 不同年龄教师初职持续时间整体比较

检验方法	卡方值	自由度	p值
Log-rank 检验	117.933	4	<0.001
Wilcoxon 检验	106.822	4	<0.001
−2Log(LR)检验	10.083	4	0.039

表3-11 不同年龄教师初职持续时间多重比较

	26岁～35岁	36岁～45岁	46岁～55岁	56岁及以上
25 岁及以下	0.476	0.914	<0.001***	<0.001***
26 岁～35 岁		0.373	<0.001***	<0.001***
36 岁～45 岁			<0.001***	<0.001***
46 岁～55 岁				0.744

注：*、**、***分别表示10%、5%、1%水平上显著。

表3-12 比例风险检验

时依协变量	卡方值	自由度	p值
$x_2*\ln(t\_)$	1.684	1	0.194

模型的拟合优度分析显示(表 3-7)，引入年龄变量后，模型的−2LOGL 值减少了 72.036，AIC 值减少了 70.036，SBC 值减少了 66.912，模型的拟合效果显著增加。模型整体显著性检验显示(表 3-8)，Likelihood Ratio 检验、Score 检验和 Wald 检验的 p 值均小于 0.001，表明三个检验都拒绝了总体参数为零的原假设。

回归结果显示(表 3-9)，年龄变量偏回归系数为负且通过了 1%水平的显著性检验，说明该变量是保护因素，教师年龄越大，持续时间越长，流失率越低。其相对危险度为 0.584，也就是说，年龄每增加一个级别，教师流失风险降低 41.6%。

对不同年龄的教师初职持续时间进行 Kaplan-Meier 估计，结果显示，随着教师年龄增加，教师初职持续时间中位数呈递增趋势，25 岁及以下教师初职持续时间中位数最小，其次为 26 岁～35 岁教师，56 岁及以上教师初职持续时间中位数最大；采用 Log-rank、Wilcoxon 和−2Log(LR)进行整体性差异显著性检验，结果显示(表 3-10)，3 个检验统计量的 p 值均小于 0.05，表明不同年龄的教师初职持续时间差异极显著。进一步运用 Log-rank 检验进行组间两两比较(表

3-11)，结果显示，25 岁及以下教师与 46 岁～55 岁、56 岁及以上教师差异显著。26 岁～35 岁教师与 46 岁～55 岁、56 岁及以上教师差异显著。36 岁～45 岁教师与 46 岁～55 岁、56 岁及以上教师差异显著。其他组与组之间的对比 p 值均大于 0.1，差异无统计学意义。

运用时依协变量法对其进行比例风险假设的检验，结果显示(表 3-12)，时依协变量的 p 值大于 0.1，说明满足比例风险的假设条件。

3. 婚姻状况

将农村教师初职持续时间作为被解释变量，婚姻状况(x_3)作为解释变量，构建单因素 Cox 比例风险回归模型。模型的形式为

$$h(t, X) = h_0(t)\exp(\beta_3 x_3) \tag{式3-5}$$

利用 Kaplan-Meier 法计算不同组别农村教师初职持续时间平均数、中位数及其 95%置信区间，采用 Log-rank、Wilcoxon 和-2Log(LR)进行整体性差异显著性检验，运用 Log-rank 检验进行组间两两比较。

SAS 软件相关分析结果如表 3-13～表 3-17 所示。

表3-13 模型的拟合优度

标准	未引入解释变量	引入解释变量
-2LOGL	1708.399	1662.769
AIC	1708.399	1664.769
SBC	1708.399	1667.851

表3-14 模型整体显著性检验

检验方法	卡方值	自由度	p值
Likelihood Ratio 检验	45.629	1	<0.001
Score 检验	58.000	1	<0.001
Wald 检验	52.052	1	<0.001

表3-15 模型的参数估计及检验

变量	自由度	参数估计值	标准误	卡方值	p值	风险比	风险比95%置信区间	
							下限	上限
x_3	1	-1.195	0.166	52.052	<0.001	0.303	0.219	0.419

表3-16　不同婚姻状况教师初职持续时间整体比较

检验方法	卡方值	自由度	p值
Log-rank 检验	61.620	1	<0.001
Wilcoxon 检验	82.334	1	<0.001
−2Log(LR)检验	33.863	1	<0.001

表3-17　比例风险检验

时依协变量	卡方值	自由度	p值
$x_3*\ln(t\_)$	1.986	1	0.158

模型的拟合优度分析显示(表3-13)，引入婚姻状况变量后，模型的−2LOGL值减少了45.63，AIC值减少了43.63，SBC值减少了40.548，模型的拟合效果增加显著，表明Cox比例风险模型估计结果整体上较为理想。表3-14显示，模型的Likelihood Ratio检验统计量、Score检验统计量和Wald检验统计量分别为45.629、58.000和52.052，均高度显著，这表明模型的拟合效果良好，应拒绝回归系数均为0的假设。

模型的参数估计及检验显示(表3-15)，在0.01的显著性水平下，婚姻状况变量通过了显著性检验，这说明所引入的婚姻状况变量对教师工作持续时间有显著影响。婚姻状况变量风险比的点估计值为0.303，意味着已婚教师的流失风险是未婚教师的0.303倍。从置信上限来看，前者的流失风险至多是后者的0.419倍。由此可以认为已婚教师工作相对更加稳定。

对不同婚姻状况的教师初职持续时间进行Kaplan-Meier估计，结果显示，已婚教师初职持续时间中位数比未婚教师多3.9年，采用Log-rank、Wilcoxon和−2Log(LR)进行整体性差异显著性检验，结果显示(表3-16)，3个检验统计量的p值均小于0.001，表明不同婚姻状况的教师初职持续时间中位数差异极显著。

采用时依协变量法检验比例风险假定，结果显示(表3-17)，婚姻状况变量与时间交互作用的p值大于0.1，满足比例风险假定，可作为解释变量用于Cox比例风险模型建模。

4. 文化程度

将农村教师初职持续时间作为被解释变量，大专以下文化程度作为参照，大专文化程度(x_4)和本科及以上文化程度(x_5)作为解释变量，构建单因素 Cox 比例风险回归模型。模型的形式为

$$h(t,X) = h_0(t)\exp(\beta_4 x_4 + \beta_5 x_5) \qquad (式3\text{-}6)$$

利用 Kaplan-Meier 法计算不同组别农村教师初职持续时间平均数、中位数及其 95%置信区间，采用 Log-rank、Wilcoxon 和 -2Log(LR) 进行整体性差异显著性检验，运用 Log-rank 检验进行组间两两比较。

SAS 软件相关分析结果如表 3-18～表 3-23 所示。

表3-18 模型的拟合优度

标准	未引入解释变量	引入解释变量
-2LOGL	1653.629	1634.044
AIC	1653.629	1636.044
SBC	1653.629	1639.125

表3-19 模型整体显著性检验

检验方法	卡方值	自由度	p值
Likelihood Ratio 检验	19.585	1	<0.001
Score 检验	20.315	1	<0.001
Wald 检验	15.166	1	<0.001

表3-20 模型的参数估计及检验

变量	自由度	参数估计值	标准误	卡方值	p值	风险比	风险比95%置信区间	
							下限	上限
x_4	1	0.473	0.204	5.377	0.020	1.604	1.076	2.392
x_5	1	0.893	0.203	19.390	<0.001	2.441	1.641	3.632

表3-21 不同文化程度教师初职持续时间整体比较

检验方法	卡方值	自由度	p值
Log-rank 检验	21.539	2	<0.001
Wilcoxon 检验	26.300	2	<0.001
-2Log(LR)检验	14.355	2	<0.001

表3-22 不同文化程度教师初职持续时间多重比较

	大专	本科及以上
大专以下	0.013**	<0.001***
大专		0.037**

注：*、**、***分别表示10%、5%、1%水平上显著。

表3-23 比例风险检验

时依协变量	卡方值	自由度	p值
$x_4*\ln(t\_)$	1.562	1	0.211
$x_5*\ln(t\_)$	1.647	1	0.199

表3-18显示，模型具有较好的拟合优度，引入大专文化程度和本科及以上文化程度两个变量后，模型的-2LOGL值减少了19.585，AIC值减少了17.585，SBC值减少了14.504，模型的拟合效果显著增加。模型整体显著性检验显示(表3-19)，3种检验方法的p值均小于0.001，模型有高度统计意义。

回归结果显示(表3-20)，大专文化程度和本科及以上文化程度变量的偏回归系数均为正，是危险因素，且本科及以上文化程度变量的偏回归系数大于大专文化程度的偏回归系数，说明教师文化程度的提高会增加其流失的风险。两个变量的风险比分别为1.604和2.441，说明在其他条件不变的情况下，大专文化程度教师流失风险是大专以下文化程度教师的1.604倍；本科及以上文化程度教师流失风险是大专以下文化程度教师的2.441倍。

对不同文化程度的教师初职持续时间进行Kaplan-Meier估计，结果显示，本科及以上文化程度教师初职持续时间中位数最短，其次为大专文化程度教师，大专以下文化程度教师初职持续时间中位数最长。随着教师文化程度递增，教师初职持续时间中位数呈递减趋势；采用Log-rank、Wilcoxon和-2Log(LR)进行整体性差异显著性检验，结果显示(表3-21)，3个检验统计量的p值均小于0.001，表明不同文化程度的教师初职持续时间差异极显著。进一步运用Log-rank检验进行组间两两比较，结果显示(表3-22)，各组间差异在0.05显著性水平下具有统计学意义。

模型的比例风险检验结果显示(表3-23)，大专文化程度和本科及以上文化程度变量与时间交互作用的p值分别为0.211和0.199，均大于0.1的显著性水平，模型符合比例风险假定。

5. 职称

将农村教师初职持续时间作为被解释变量，初级职称作为参照，中级职称(x_6)和高级职称(x_7)作为解释变量，构建单因素Cox比例风险回归模型。模型的形式为

$$h(t,X) = h_0(t)\exp(\beta_6 x_6 + \beta_7 x_7) \tag{式3-7}$$

利用Kaplan-Meier法计算不同组别农村教师初职持续时间平均数、中位数及其95%置信区间，采用Log-rank、Wilcoxon和-2Log(LR)进行整体性差异显著性检验，运用Log-rank检验进行组间两两比较。

SAS软件相关分析结果如表3-24~表3-29所示。

表3-24 模型的拟合优度

标准	未引入解释变量	引入解释变量
-2LOGL	1581.979	1537.158
AIC	1581.979	1539.158
SBC	1581.979	1542.239

表3-25 模型整体显著性检验

检验方法	卡方值	自由度	p值
Likelihood Ratio 检验	44.821	1	<0.001
Score 检验	47.531	1	<0.001
Wald 检验	45.718	1	<0.001

表3-26 模型的参数估计及检验

变量	自由度	参数估计值	标准误	卡方值	p值	风险比	风险比95%置信区间	
							下限	上限
x_6	1	0.589	0.205	8.274	0.004	1.803	1.207	2.694
x_7	1	-0.876	0.221	15.730	<0.001	0.417	0.270	0.642

表3-27 不同职称教师初职持续时间整体比较

检验方法	卡方值	自由度	p值
Log-rank 检验	49.721	2	<0.001

(续表)

检验方法	卡方值	自由度	p值
Wilcoxon 检验	43.916	2	<0.001
$-2\text{Log}(LR)$检验	26.713	2	<0.001

表3-28 不同职称教师初职持续时间多重比较

	中级职称	高级职称
初级职称	0.007***	<0.001***
中级职称		<0.001***

注：*、**、***分别表示10%、5%、1%水平上显著。

表3-29 比例风险检验

时依协变量	卡方值	自由度	p值
$x_6*\ln(t\_)$	1.408	1	0.235
$x_7*\ln(t\_)$	1.775	1	0.183

模型的拟合优度分析显示(表 3-24)，引入中级职称和高级职称变量后的模型与引入前相比，−2LOGL 值从 1581.979 下降到 1537.158，减少了 44.821，AIC 值从1581.979下降到1539.158，减少了42.821，SBC值从1581.979下降到1542.239，减少了 39.74，表明模型拟合良好。模型整体显著性检验显示(表 3-25)，模型的 Likelihood Ratio 检验统计量、Score 检验统计量和 Wald 检验统计量分别为 44.821、47.531 和 45.718，均通过了 1%水平的统计检验，因此可以认为方程总体显著。

模型的参数估计及检验显示(表 3-26)，中级职称变量偏回归系数 β_6=0.589>0，为危险因素，增加了发生流失的危险性；相对风险度为 1.803，说明在其他条件不变的情况下，与初级职称教师相比，中级职称教师流失风险将增加80.3%。高级职称变量偏回归系数 β_7=−0.876<0，为保护因素，降低了发生流失的危险性；相对风险度为 0.417，说明在其他条件不变的情况下，与初级职称教师相比，高级职称教师流失风险将减少 58.3%。

对不同职称的教师初职持续时间进行 Kaplan-Meier 估计，结果显示，持续时间中位数呈 U 形变化趋势，中级职称教师中位持续时间最短，高级职称教师中位持续时间最长。采用 Log-rank、Wilcoxon 和−2Log(LR)方法分析三组持续时间的差异，结果显示(表 3-27)，3 个检验统计量的 p 值均小于 0.001，表明不同职称的教师初职持续时间差异极显著。进一步运用 Log-rank 检验进行组间两两比较(表 3-28)，结果显示各组间差异在 0.01 显著性水平下具有统计学意义。

模型的比例风险检验显示(表 3-29)，中级职称和高级职称变量与时间交互作用的 p 值均大于 0.1，故不拒绝原假设，实证模型满足比例风险假设。

6. 是否担任班主任

将农村教师初职持续时间作为被解释变量，是否担任班主任(x_8)作为解释变量，构建单因素 Cox 比例风险回归模型。模型的形式为

$$h(t,X) = h_0(t)\exp(\beta_8 x_8) \tag{式3-8}$$

利用 Kaplan-Meier 法计算不同组别农村教师初职持续时间平均数、中位数及其 95%置信区间，采用 Log-rank、Wilcoxon 和-2Log(LR)进行整体性差异显著性检验，运用 Log-rank 检验进行组间两两比较。

SAS 软件相关分析结果如表 3-30～表 3-34 所示。

表3-30 模型的拟合优度

标准	未引入解释变量	引入解释变量
-2LOGL	1637.946	1627.400
AIC	1637.946	1629.400
SBC	1637.946	1632.481

表3-31 模型整体显著性检验

检验方法	卡方值	自由度	p值
Likelihood Ratio 检验	10.547	1	0.001
Score 检验	10.510	1	0.001
Wald 检验	10.284	1	0.001

表3-32 模型的参数估计及检验

变量	自由度	参数估计值	标准误	卡方值	p值	风险比	风险比95%置信区间	
							下限	上限
x_8	1	0.523	0.163	10.284	0.001	1.686	1.225	2.321

表3-33 是否担任班主任教师初职持续时间整体比较

检验方法	卡方值	自由度	p值
Log-rank 检验	11.278	1	<0.001
Wilcoxon 检验	1.708	1	0.191
-2Log(LR)检验	19.777	1	<0.001

表3-34 比例风险检验

时依协变量	卡方值	自由度	p值
$x_8*\ln(t\_)$	2.402	1	0.121

模型的拟合优度分析显示(表 3-30)，引入是否担任班主任变量后，模型的拟合效果增加显著。具体而言，模型的-2LOGL 值减少了 10.546，AIC 值减少了 8.546，SBC 值减少了 5.465，模型的拟合效果增加比较显著。模型整体显著性检验显示(表 3-31)，Likelihood Ratio 检验、Score 检验和 Wald 检验的 p 值均小于 0.001，表明三个检验都拒绝了总体参数为零的原假设。

回归结果显示(表 3-32)，是否担任班主任变量的偏回归系数为正，且通过了 1%水平的显著性检验，说明该变量是危险因素，担任班主任的教师流失风险更高。风险比的点估计值为 1.686，即担任班主任的教师流失风险是未担任班主任教师的 1.686 倍。从置信下限来看，前者的风险比至少是后者的 1.225 倍。

对两组教师初职持续时间进行 Kaplan-Meier 估计，结果显示，担任班主任的教师初职持续时间中位数比未担任班主任的教师少 4.1 年，采用 Log-rank、Wilcoxon 和-2Log(LR)进行整体性差异显著性检验，结果显示(表 3-33)，Log-rank 和-2Log(LR)检验统计量的 p 值均小于 0.001，表明两组教师初职持续时间中位数差异极显著。

运用时依协变量法对其进行比例风险假设的检验，结果显示(表 3-34)，时依协变量的 p 值大于 0.1，说明满足比例风险的假设条件。

7. 是否任教毕业班

将农村教师初职持续时间作为被解释变量，是否任教毕业班(x_9)作为解释变量，构建单因素 Cox 比例风险回归模型。模型的形式为

$$h(t,X) = h_0(t)\exp(\beta_9 x_9) \tag{式3-9}$$

利用 Kaplan-Meier 法计算不同组别农村教师初职持续时间平均数、中位数及其 95%置信区间，采用 Log-rank、Wilcoxon 和-2Log(LR)进行整体性差异显著性检验，运用 Log-rank 检验进行组间两两比较。

SAS 软件相关分析结果如表 3-35～表 3-39 所示。

表3-35　模型的拟合优度

标准	未引入解释变量	引入解释变量
-2LOGL	1629.461	1627.791
AIC	1629.461	1629.791
SBC	1629.461	1632.872

表3-36　模型整体显著性检验

检验方法	卡方值	自由度	p值
Likelihood Ratio 检验	1.670	1	0.196
Score 检验	1.664	1	0.197
Wald 检验	1.658	1	0.198

表3-37　模型的参数估计及检验

变量	自由度	参数估计值	标准误	卡方值	p值	风险比	风险比95%置信区间	
							下限	上限
x_9	1	0.209	0.163	1.658	0.198	1.233	0.896	1.696

表3-38　是否任教毕业班教师初职持续时间整体比较

检验方法	卡方值	自由度	p值
Log-rank 检验	1.796	1	0.180
Wilcoxon 检验	2.561	1	0.110
-2Log(LR)检验	10.580	1	0.001

表3-39　比例风险检验

时依协变量	卡方值	自由度	p值
$x_9*\ln(t\_)$	1.684	1	0.194

模型的拟合优度分析显示(表 3-35)，引入是否任教毕业班变量后模型的拟

合效果增加不显著。引入该变量后，模型的-2LOGL 值仅减少了 1.67，AIC 值增加了 0.33，SBC 值增加了 3.411，模型的拟合效果变化不显著。模型整体显著性检验显示(表 3-36)，无论是 Likelihood Ratio 检验、Score 检验还是 Wald 检验，p 值均大于 0.1，表明三个检验都无法拒绝总体参数为零的原假设，模型整体不显著。

回归结果显示(表 3-37)，是否任教毕业班变量偏回归系数为正，是危险因素，但该变量未通过 10%水平的显著性检验，对教师流失影响不显著。

对两组教师初职持续时间进行 Kaplan-Meier 估计，结果显示，担任毕业班的教师初职持续时间中位数比未担任毕业班的教师少 1.8 年，采用 Log-rank、Wilcoxon 和-2Log(LR)进行整体性差异显著性检验，结果显示(表 3-38)，Log-rank 和 Wilcoxon 检验统计量的 p 值均大于 0.1，表明两组教师初职持续时间中位数差异不显著。

模型的比例风险检验显示(表 3-39)，是否任教毕业班变量与时间交互作用的 p 值为 0.194，大于 0.1 的显著性水平，模型符合比例风险假定。

8. 每周课时数

将农村教师初职持续时间作为被解释变量，每周课时数(x_{10})作为解释变量，构建单因素 Cox 比例风险回归模型。模型的形式为

$$h(t,X) = h_0(t)\exp(\beta_{10}x_{10}) \tag{式3-10}$$

利用 Kaplan-Meier 法计算不同组别农村教师初职持续时间平均数、中位数及其 95%置信区间，采用 Log-rank、Wilcoxon 和-2Log(LR)进行整体性差异显著性检验，运用 Log-rank 检验进行组间两两比较。

SAS 软件相关分析结果如表 3-40～表 3-44 所示。

表3-40 模型的拟合优度

标准	未引入解释变量	引入解释变量
-2LOGL	1792.434	1791.288
AIC	1792.434	1793.288
SBC	1792.434	1796.412

表3-41　模型整体显著性检验

检验方法	卡方值	自由度	p值
Likelihood Ratio 检验	1.146	1	0.284
Score 检验	1.148	1	0.284
Wald 检验	1.151	1	0.283

表3-42　模型的参数估计及检验

变量	自由度	参数估计值	标准误	卡方值	p值	风险比	风险比95%置信区间	
							下限	上限
x_{10}	1	0.057	0.053	1.151	0.283	1.059	0.954	1.176

表3-43　不同每周课时数教师初职持续时间整体比较

检验方法	卡方值	自由度	p值
Log-rank 检验	3.344	4	0.502
Wilcoxon 检验	7.410	4	0.116
-2Log(LR)检验	0.488	4	0.975

表3-44　比例风险检验

时依协变量	卡方值	自由度	p值
$x_{10}*\ln(t\_)$	1.457	1	0.227

模型的拟合优度分析显示(表 3-40)，引入每周课时数变量后模型的拟合效果增加并不显著。引入该变量后，模型的-2LOGL 值减少了 1.146，AIC 值增加了 0.854，SBC 值增加了 3.978，模型的拟合效果变化不显著。模型整体显著性检验显示(表 3-41)，Likelihood Ratio 检验、Score 检验和 Wald 检验的 p 值均大于 0.1，表明三个检验都无法拒绝总体参数为零的原假设，模型整体不显著。

回归结果显示(表 3-42)，每周课时数变量偏回归系数 $\beta_{10}=0.057>0$，表明该变量可以增加教师流失的发生风险，是增加教师流失的危险因素，但该变量未通过 10%水平的显著性检验，对教师流失影响不显著。

对不同每周课时数的教师初职持续时间进行 Kaplan-Meier 估计，结果显示，随着教师每周课时数增多，教师初职持续时间中位数呈递减趋势；采用 Log-rank、Wilcoxon 和-2Log(LR)进行整体性差异显著性检验，结果显示(表 3-43)，3 个检

验统计量的 p 值均大于 0.1，表明不同每周课时数的教师初职持续时间中位数差异不显著。

运用时依协变量法对其进行比例风险假设的检验，结果显示(表3-44)，时依协变量的 p 值大于0.1，说明满足比例风险的假设条件。

9. 任教年级

将农村教师初职持续时间作为被解释变量，任教年级(x_{11})作为解释变量，构建单因素Cox比例风险回归模型。模型的形式为

$$h(t, X) = h_0(t)\exp(\beta_{11}x_{11})$$ (式3-11)

利用Kaplan-Meier法计算不同组别农村教师初职持续时间平均数、中位数及其95%置信区间，采用Log-rank、Wilcoxon和-2Log(LR)进行整体性差异显著性检验，运用Log-rank检验进行组间两两比较。

SAS软件相关分析结果如表3-45～表3-49所示。

表3-45 模型的拟合优度

标准	未引入解释变量	引入解释变量
-2LOGL	1627.377	1625.229
AIC	1627.377	1627.229
SBC	1627.377	1630.311

表3-46 模型整体显著性检验

检验方法	卡方值	自由度	p值
Likelihood Ratio 检验	2.148	1	0.143
Score 检验	2.140	1	0.144
Wald 检验	2.131	1	0.144

表3-47 模型的参数估计及检验

变量	自由度	参数估计值	标准误	卡方值	p值	风险比	风险比95%置信区间	
							下限	上限
x_{11}	1	0.239	0.163	2.131	0.144	1.269	0.922	1.748

表3-48 不同任教年级教师初职持续时间整体比较

检验方法	卡方值	自由度	p值
Log-rank 检验	2.327	1	0.127
Wilcoxon 检验	0.618	1	0.432
-2Log(LR)检验	11.166	1	<0.001

表3-49 比例风险检验

时依协变量	卡方值	自由度	p值
$x_{11}*\ln(t\_)$	1.895	1	0.168

模型的拟合优度分析显示(表 3-45)，引入任教年级变量后模型的拟合效果增加并不显著。引入该变量后，模型的-2LOGL 值减少了 2.148，AIC 值减少了 0.148，SBC 值增加了 2.934，模型的拟合效果变化不显著。模型整体显著性检验显示(表 3-46)，无论是 Likelihood Ratio 检验、Score 检验还是 Wald 检验，p 值均大于 0.1，表明三个检验都不拒绝总体参数为零的原假设。

回归结果显示(表 3-47)，任教年级变量偏回归系数为正，是危险因素，但该变量未通过 10%水平的显著性检验，对教师流失影响不显著。

对不同任教年级的教师初职持续时间进行 Kaplan-Meier 估计，结果显示，初中教师初职持续时间中位数比小学教师少 1.6 年，采用 Log-rank、Wilcoxon 和-2Log(LR)进行整体性差异显著性检验，结果显示(表 3-48)，Log-rank 和 Wilcoxon 检验统计量的 p 值均大于 0.1，表明不同任教年级的教师初职持续时间中位数差异不显著。

模型的比例风险检验显示(表 3-49)，任教年级变量与时间交互作用的 p 值大于 0.1，故不拒绝原假设，实证模型满足比例风险假设。

10. 任教学科

将农村教师初职持续时间作为被解释变量，任教学科(x_{12})作为解释变量，构建单因素 Cox 比例风险回归模型。模型的形式为

$$h(t, X) = h_0(t) \exp(\beta_{12} x_{12})$$

(式3-12)

利用 Kaplan-Meier 法计算不同组别农村教师初职持续时间平均数、中位数及其 95%置信区间，采用 Log-rank、Wilcoxon 和-2Log(LR)进行整体性差异显著性检验，运用 Log-rank 检验进行组间两两比较。

SAS 软件相关分析结果如表 3-50～表 3-54 所示。

表3-50　模型的拟合优度

标准	未引入解释变量	引入解释变量
-2LOGL	1677.806	1652.501
AIC	1677.806	1654.501
SBC	1677.806	1657.583

表3-51　模型整体显著性检验

检验方法	卡方值	自由度	p值
Likelihood Ratio 检验	25.304	1	<0.001
Score 检验	25.342	1	<0.001
Wald 检验	24.088	1	<0.001

表3-52　模型的参数估计及检验

变量	自由度	参数估计值	标准误	卡方值	p值	风险比	风险比95%置信区间	
							下限	上限
x_{12}	1	0.819	0.167	24.088	<0.001	2.267	1.635	3.144

表3-53　不同任教学科教师初职持续时间整体比较

检验方法	卡方值	自由度	p值
Log-rank 检验	27.128	1	<0.001
Wilcoxon 检验	7.391	1	0.007
-2Log(LR)检验	25.128	1	<0.001

表3-54　比例风险检验

时依协变量	卡方值	自由度	p值
$x_{12}*\ln(t\_)$	2.033	1	0.154

模型的拟合优度分析显示(表 3-50)，引入任教学科变量后，模型的-2LOGL值减少了 25.305，AIC 值减少了 23.305，SBC 值减少了 20.223，模型的拟合效果增加显著，表明 Cox 比例风险模型估计结果整体上较为理想。模型整体显著

性检验显示(表 3-51),Likelihood Ratio 检验统计量、Score 检验统计量和 Wald 检验统计量分别为 25.304、25.342 和 24.088,对应的显著性水平 p 值均小于 0.001,表明三个检验都拒绝了总体参数为零的原假设。

模型的参数估计及检验显示(表 3-52),在 0.01 的显著性水平下,任教学科变量通过了显著性检验,这说明所引入的任教学科变量对农村教师初职持续时间有显著影响。任教学科变量风险比的点估计值为 2.267,即主科教师的流失风险是副科教师的 2.267 倍。从置信下限来看,前者的流失风险至少是后者的 1.635 倍。因此,可以认为副科教师的工作相对更加稳定。

对不同任教学科的教师初职持续时间进行 Kaplan-Meier 估计,结果显示,主科教师初职持续时间中位数比副科教师少 4.9 年,采用 Log-rank、Wilcoxon 和-2Log(LR)进行整体性差异显著性检验,结果显示(表 3-53),3 个检验统计量的 p 值均小于 0.01,表明不同任教学科的教师初职持续时间中位数差异极显著。

模型的比例风险检验显示(表 3-54),时依协变量的 p 值大于 0.1,说明任教学科变量满足比例风险假定。

11. 任教科目数

将农村教师初职持续时间作为被解释变量,任教科目数(x_{13})作为解释变量,构建单因素 Cox 比例风险回归模型。模型的形式为

$$h(t,X) = h_0(t)\exp(\beta_{13}x_{13}) \tag{式3-13}$$

利用 Kaplan-Meier 法计算不同组别农村教师初职持续时间平均数、中位数及其 95%置信区间,采用 Log-rank、Wilcoxon 和-2Log(LR)进行整体性差异显著性检验,运用 Log-rank 检验进行组间两两比较。

SAS 软件相关分析结果如表 3-55～表 3-59 所示。

表3-55 模型的拟合优度

标准	未引入解释变量	引入解释变量
-2LOGL	1682.494	1680.367
AIC	1682.494	1682.367
SBC	1682.494	1685.467

表3-56　模型整体显著性检验

检验方法	卡方值	自由度	p值
Likelihood Ratio 检验	2.128	1	0.145
Score 检验	2.136	1	0.144
Wald 检验	2.130	1	0.145

表3-57　模型的参数估计及检验

变量	自由度	参数估计值	标准误	卡方值	p值	风险比	风险比95%置信区间	
							下限	上限
x_{13}	1	0.108	0.074	2.130	0.145	1.114	0.964	1.287

表3-58　不同任教科目数教师初职持续时间整体比较

检验方法	卡方值	自由度	p值
Log-rank 检验	3.293	3	0.349
Wilcoxon 检验	8.605	3	0.035
−2Log(LR)检验	0.112	3	0.990

表3-59　比例风险检验

时依协变量	卡方值	自由度	p值
$x_{13}*\ln(t\_)$	1.688	1	0.194

模型的拟合优度分析显示(表 3-55)，引入任教科目数变量后模型的拟合效果增加并不显著。引入该变量后，模型的−2LOGL 值减少了 2.127，AIC 值减少了 0.127，SBC 值增加了 2.973，模型的拟合效果变化不显著。表 3-56 显示，模型的 Likelihood Ratio 检验统计量、Score 检验统计量和 Wald 检验统计量分别为 2.128、2.136 和 2.130，均未通过 10%水平的统计检验，因此可以认为方程总体不显著。

回归结果显示(表 3-57)，任教科目数变量偏回归系数 $\beta_{13}=0.108>0$，表明该变量可以增加教师流失的发生风险，是增加教师流失的危险因素，但该变量未通过 10%水平的显著性检验，对教师流失影响不显著。

对不同任教科目数的教师初职持续时间进行 Kaplan-Meier 估计，结果显示，持续时间中位数呈倒 U 形变化趋势，担任 2 科教师初职持续时间中位数最大，其次为 1 科教师，4 科及以上教师留任中位数最小。采用 Log-rank、Wilcoxon 和-2Log(LR)方法进行整体性检验，结果显示(表 3-58)，Log-rank 和-2Log(LR)检验统计量的 p 值均大于 0.1，表明不同任教科目数的教师初职持续时间中位数差异不显著($p>0.1$)。

模型的比例风险检验显示(表 3-59)，任教科目数变量与时间交互作用的 p 值大于 0.1，实证模型满足比例风险假设。

12. 任教班级数

将农村教师初职持续时间作为被解释变量，任教班级数(x_{14})作为解释变量，构建单因素 Cox 比例风险回归模型。模型的形式为

$$h(t,X) = h_0(t)\exp(\beta_{14}x_{14}) \tag{式3-14}$$

利用 Kaplan-Meier 法计算不同组别农村教师初职持续时间平均数、中位数及其 95%置信区间，采用 Log-rank、Wilcoxon 和-2Log(LR)进行整体性差异显著性检验，运用 Log-rank 检验进行组间两两比较。

SAS 软件相关分析结果如表 3-60~表 3-64 所示。

表3-60 模型的拟合优度

标准	未引入解释变量	引入解释变量
-2LOGL	1738.129	1736.829
AIC	1738.129	1738.829
SBC	1738.129	1741.929

表3-61 模型整体显著性检验

检验方法	卡方值	自由度	p值
Likelihood Ratio 检验	1.300	1	0.254
Score 检验	1.306	1	0.253
Wald 检验	1.304	1	0.254

表3-62 模型的参数估计及检验

变量	自由度	参数估计值	标准误	卡方值	p值	风险比	风险比95%置信区间	
							下限	上限
x_{14}	1	0.080	0.070	1.304	0.254	1.084	0.944	1.244

表3-63 不同任教班级数教师初职持续时间整体比较

检验方法	卡方值	自由度	p值
Log-rank 检验	4.836	3	0.184
Wilcoxon 检验	19.252	3	<0.001
-2Log(LR)检验	0.696	3	0.874

表3-64 比例风险检验

时依协变量	卡方值	自由度	p值
$x_{14}*\ln(t\_)$	1.477	1	0.224

模型的拟合优度分析显示(表 3-60)，引入任教班级数变量后模型的拟合效果增加并不显著。引入该变量后，模型的-2LOGL 值减少了 1.3，AIC 值增加了 0.7，SBC 值增加了 3.8，模型的拟合效果变化不显著。模型整体显著性检验显示(表 3-61)，无论是 Likelihood Ratio 检验、Score 检验还是 Wald 检验，p 值均大于 0.1，表明三种检验都不拒绝总体参数为零的原假设。

回归结果显示(表 3-62)，任教班级数变量偏回归系数 $\beta_{14}=0.080>0$，表明该变量可以增加教师流失的发生风险，是危险因素，但该变量未通过10%水平的显著性检验，对教师流失影响不显著。

对不同任教班级数的教师初职持续时间进行 Kaplan-Meier 估计，结果显示，随着任教班级数增加，教师初职持续时间中位数呈递减趋势。采用 Log-rank、Wilcoxon 和-2Log(LR)方法进行整体性检验，结果显示(表 3-63)，Log-rank 和 -2Log(LR)检验统计量的 p 值均大于 0.1，表明不同任教班级数的教师初职持续时间中位数差异不显著。

比例风险检验显示(表 3-64)，时依协变量的 p 值大于 0.1，说明符合比例风险的假设条件。

13. 个人月收入

将农村教师初职持续时间作为被解释变量，个人月收入(x_{15})作为解释变量，构建单因素 Cox 比例风险回归模型。模型的形式为

$$h(t,X) = h_0(t)\exp(\beta_{15}x_{15}) \tag{式3-15}$$

利用 Kaplan-Meier 法计算不同组别农村教师初职持续时间平均数、中位数

及其95%置信区间，采用Log-rank、Wilcoxon和-2Log(LR)进行整体性差异显著性检验，运用Log-rank检验进行组间两两比较。

SAS软件相关分析结果如表3-65～表3-70所示。

表3-65 模型的拟合优度

标准	未引入解释变量	引入解释变量
-2LOGL	1699.541	1569.900
AIC	1699.541	1571.900
SBC	1699.541	1575.024

表3-66 模型整体显著性检验

检验方法	卡方值	自由度	p值
Likelihood Ratio 检验	129.641	1	<0.001
Score 检验	134.659	1	<0.001
Wald 检验	110.492	1	<0.001

表3-67 模型的参数估计及检验

变量	自由度	参数估计值	标准误	卡方值	p值	风险比	风险比95%置信区间	
							下限	上限
x_{15}	1	-0.864	0.082	110.492	<0.001	0.421	0.359	0.495

表3-68 不同个人月收入教师初职持续时间整体比较

检验方法	卡方值	自由度	p值
Log-rank 检验	166.738	4	<0.001
Wilcoxon 检验	138.830	4	<0.001
-2Log(LR)检验	31.176	4	<0.001

表3-69 不同个人月收入教师初职持续时间多重比较

	2001～3000元	3001～4000元	4001～5000元	5001元及以上
2000元及以下	0.102	0.013**	<0.001***	<0.001***
2001～3000元		0.440	<0.001***	<0.001***
3001～4000元			<0.001***	<0.001***
4001～5000元				0.144

注：*、**、***分别表示10%、5%、1%水平上显著。

表3-70 比例风险检验

时依协变量	卡方值	自由度	p值
$x_{15}*\ln(t\_)$	1.713	1	0.191

模型的拟合优度分析显示(表 3-65)，引入个人月收入变量后，模型的 -2LOGL 值减少了 129.641，AIC 值减少了 127.641，SBC 值减少了 124.517，模型的拟合效果显著增加。模型整体显著性检验显示(表 3-66)，Likelihood Ratio 检验、Score 检验和 Wald 检验的 p 值均小于 0.001，表明三种检验都拒绝了总体参数为零的原假设。

回归结果显示(表 3-67)，个人月收入变量偏回归系数为负且通过了 1%水平的显著性检验，说明该变量是保护因素，教师个人月收入越高，持续时间越长，流失率越低。其相对危险度为 0.421，也就是说，个人月收入每增加一个级别，教师流失风险降低 57.9%。

对不同个人月收入的教师初职持续时间进行 Kaplan-Meier 估计，结果显示，个人月收入越高，中位持续时间越长。其中月收入在 5001 元及以上教师中位持续时间分别比月收入为 4001～5000 元、3001～4000 元、2001～3000 元和 2000 元及以下教师高出 2.1 年、5.1 年、6.4 年和 6.8 年。采用 Log-rank、Wilcoxon 和-2Log(LR)方法进行整体性检验，结果显示(表 3-68)，不同个人月收入教师初职持续时间中位数差异有统计学意义($p<0.001$)。进一步运用 Log-rank 检验进行组间两两比较，结果显示(表 3-69)，2000 元及以下与 3001～4000 元、4001～5000 元、5001 元及以上比较差异有统计学意义($p<0.05$)；2001～3000 元与 4001～5000 元、5001 元及以上比较差异有统计学意义($p<0.001$)；3001～4000 元与 4001～5000 元、5001 元及以上比较差异有统计学意义($p<0.001$)。其他组与组之间的对比 p 值均大于 0.1，差异无统计学意义。

比例风险检验显示(表 3-70)，时依协变量的 p 值大于 0.1，说明满足比例风险的假设条件。

14. 是否有编制

将农村教师初职持续时间作为被解释变量，是否有编制(x_{16})作为解释变量，构建单因素 Cox 比例风险回归模型。模型的形式为

$$h(t,X) = h_0(t)\exp(\beta_{16}x_{16}) \tag{式3-16}$$

利用 Kaplan-Meier 法计算不同组别农村教师初职持续时间平均数、中位数

及其95%置信区间，采用Log-rank、Wilcoxon和-2Log(LR)进行整体性差异显著性检验，运用Log-rank检验进行组间两两比较。

SAS软件相关分析结果如表3-71～表3-75所示。

表3-71 模型的拟合优度

标准	未引入解释变量	引入解释变量
-2LOGL	1713.713	1658.830
AIC	1713.713	1660.830
SBC	1713.713	1663.912

表3-72 模型整体显著性检验

检验方法	卡方值	自由度	p值
Likelihood Ratio 检验	54.883	1	<0.001
Score 检验	72.249	1	<0.001
Wald 检验	63.492	1	<0.001

表3-73 模型的参数估计及检验

变量	自由度	参数估计值	标准误	卡方值	p值	风险比	风险比95%置信区间	
							下限	上限
x_{16}	1	-1.333	0.167	63.492	<0.001	0.264	0.190	0.366

表3-74 是否有编制教师初职持续时间整体比较

检验方法	卡方值	自由度	p值
Log-rank 检验	76.885	1	<0.001
Wilcoxon 检验	103.023	1	<0.001
-2Log(LR)检验	37.603	1	<0.001

表3-75 比例风险检验

时依协变量	卡方值	自由度	p值
$x_{16}*\ln(t\_)$	2.607	1	0.106

模型的拟合优度分析显示(表3-71)，引入是否有编制变量后，模型的-2LOGL值减少了54.883，AIC值减少了52.883，SBC值减少了49.801，模型的拟合效果显著增加。模型整体显著性检验显示(表3-72)，Likelihood Ratio检

验、Score 检验和 Wald 检验的 p 值均小于 0.001，表明三种检验都拒绝了总体参数为零的原假设。

回归结果显示(表 3-73)，是否有编制变量偏回归系数为负且通过了 1%水平的显著性检验，说明该变量是保护因素，无编制教师流失风险更高。风险比的点估计值为 0.264，即有编制教师的流失风险是无编制教师的 26.4%。从置信上限来看，前者的风险比至多是后者的 36.6%。

对两组教师初职持续时间进行 Kaplan-Meier 估计，结果显示，有编制教师初职持续时间中位数比无编制教师多 5.6 年，采用 Log-rank、Wilcoxon 和 -2Log(LR)进行整体性差异显著性检验，结果显示(表 3-74)，3 种检验统计量的 p 值均小于 0.001，表明两组教师初职持续时间中位数差异极显著。

比例风险检验显示(表 3-75)，是否有编制变量与时间交互作用的 p 值大于 0.1，模型符合比例风险假定。

15. 在校职务

将农村教师初职持续时间作为被解释变量，一般教师作为参照，中层干部(x_{17})、教研组长(x_{18})和校级领导(x_{19})作为解释变量，构建单因素 Cox 比例风险回归模型。模型的形式为

$$h(t, X) = h_0(t)\exp(\beta_{17}x_{17} + \beta_{18}x_{18} + \beta_{19}x_{19}) \tag{式3-17}$$

利用 Kaplan-Meier 法计算不同组别农村教师初职持续时间平均数、中位数及其 95%置信区间，采用 Log-rank、Wilcoxon 和-2Log(LR)进行整体性差异显著性检验，运用 Log-rank 检验进行组间两两比较。

SAS 软件相关分析结果如表 3-76~表 3-81 所示。

表3-76 模型的拟合优度

标准	未引入解释变量	引入解释变量
-2LOGL	1655.377	1637.642
AIC	1655.377	1639.642
SBC	1655.377	1632.560

表3-77 模型整体显著性检验

检验方法	卡方值	自由度	p值
Likelihood Ratio 检验	17.735	1	<0.001

(续表)

检验方法	卡方值	自由度	p值
Score 检验	18.772	1	<0.001
Wald 检验	18.074	1	<0.001

表3-78 模型的参数估计及检验

变量	自由度	参数估计值	标准误	卡方值	p值	风险比	风险比95%置信区间	
							下限	上限
x_{17}	1	0.543	0.225	5.849	0.016	1.721	1.108	2.673
x_{18}	1	0.762	0.241	9.971	0.002	2.142	1.335	3.436
x_{19}	1	−0.080	0.235	0.115	0.735	0.923	0.582	1.465

表3-79 不同在校职务教师初职持续时间整体比较

检验方法	卡方值	自由度	p值
Log-rank 检验	19.723	3	<0.001
Wilcoxon 检验	23.210	3	<0.001
−2Log(LR)检验	16.854	3	<0.001

表3-80 不同在校职务教师初职持续时间多重比较

	中层干部	教研组长	校级领导
一般教师	0.005***	0.001***	0.732
中层干部		0.359	0.007***
教研组长			0.009***

注：*、**、***分别表示10%、5%、1%水平上显著。

表3-81 比例风险检验

时依协变量	卡方值	自由度	p值
$x_{17}*\ln(t\_)$	1.663	1	0.197
$x_{18}*\ln(t\_)$	1.351	1	0.245
$x_{19}*\ln(t\_)$	1.835	1	0.176

表 3-76 显示,模型具有较好的拟合优度,引入三个变量后,模型的-2LOGL 值减少了 17.735,AIC 值减少了 15.735,SBC 值减少了 22.817,模型的拟合效果显著增加。模型整体显著性检验显示(表 3-77),Likelihood Ratio 检验统计量、Score 检验统计量和 Wald 检验统计量分别为 17.735、18.772 和 18.074,对应的显著性水平 p 值均小于 0.001,表明三种检验都拒绝了总体参数为零的原假设。

模型的参数估计及检验显示(表 3-78),中层干部变量偏回归系数 β_{17}=0.543>0,为危险因素,增加了发生流失的危险性;相对风险度为 1.721,说明在其他条件不变的情况下,与一般教师相比,中层干部流失风险将增加 72.1%。教研组长变量偏回归系数 β_{18}=0.762>0,为危险因素,增加了发生流失的危险性;相对风险度为 2.142,说明在其他条件不变的情况下,与一般教师相比,教研组长流失风险将增加 114.2%。校级领导的偏回归系数 β_{19}=-0.080<0,为保护因素,减少了发生流失的危险性,但该变量未通过 10%水平的显著性检验,对教师流失影响不显著。

对不同在校职务的教师初职持续时间进行 Kaplan-Meier 估计,结果显示,教研组长中位持续时间最短,其次为中层干部,校级领导中位持续时间最长。采用 Log-rank、Wilcoxon 和-2Log(LR)方法分析四组持续时间的差异,结果显示(表 3-79),3 种检验统计量的 p 值均小于 0.001,表明不同在校职务的教师初职持续时间差异极显著。进一步运用 Log-rank 检验进行组间两两比较,结果显示(表 3-80),一般教师与中层干部及教研组长差异极显著,校级领导与中层干部及教研组长差异极显著。其他组与组之间的对比 p 值均大于 0.1,差异无统计学意义。

模型的比例风险检验显示(表 3-81),三个变量与时间交互作用的 p 值均大于 0.1,故不拒绝原假设,实证模型满足比例风险假设。

16. 教师来源地

将农村教师初职持续时间作为被解释变量,教师来源地(x_{20})作为解释变量,构建单因素 Cox 比例风险回归模型。模型的形式为

$$h(t,X) = h_0(t)\exp(\beta_{20}x_{20}) \tag{式3-18}$$

利用 Kaplan-Meier 法计算不同组别农村教师初职持续时间平均数、中位数及其 95%置信区间,采用 Log-rank、Wilcoxon 和-2Log(LR)进行整体性差异显著性检验,运用 Log-rank 检验进行组间两两比较。

SAS 软件相关分析结果如表 3-82～表 3-86 所示。

表3-82 模型的拟合优度

标准	未引入解释变量	引入解释变量
-2LOGL	1705.020	1674.479
AIC	1705.020	1676.479
SBC	1705.020	1679.561

表3-83 模型整体显著性检验

检验方法	卡方值	自由度	p值
Likelihood Ratio 检验	30.541	1	<0.001
Score 检验	36.302	1	<0.001
Wald 检验	33.778	1	<0.001

表3-84 模型的参数估计及检验

变量	自由度	参数估计值	标准误	卡方值	p值	风险比	风险比95%置信区间	
							下限	上限
x_{20}	1	-0.958	0.165	33.778	<0.001	0.384	0.278	0.530

表3-85 不同教师来源地教师初职持续时间整体比较

检验方法	卡方值	自由度	p值
Log-rank 检验	38.632	1	<0.001
Wilcoxon 检验	36.253	1	<0.001
-2Log(LR)检验	22.969	1	<0.001

表3-86 比例风险检验

时依协变量	卡方值	自由度	p值
$x_{20}*\ln(t\_)$	1.908	1	0.167

模型的拟合优度分析显示(表 3-82)，引入教师来源地变量后模型整体显著性水平得到改善。引入该变量后，模型的-2LOGL 值减少了 30.541，AIC 值减少了 28.541，SBC 值减少了 25.459，模型的拟合效果显著增加。表 3-83 显示，

模型的 Likelihood Ratio 检验统计量、Score 检验统计量和 Wald 检验统计量分别为 30.541、36.302 和 33.778，均通过了 1%水平的统计检验，因此可以认为方程总体显著。

模型的参数估计及检验显示(表 3-84)，在 0.01 的显著性水平下，教师来源地变量通过了显著性检验，这说明所引入的教师来源地变量对教师工作持续时间有显著影响。教师来源地变量风险比的点估计值为 0.384，说明本地教师的流失风险是外地教师的 0.384 倍。从置信上限来看，前者的风险比至多是后者的 0.53 倍。因此，可以认为本地教师的工作相对更加稳定。

对不同来源地的教师初职持续时间进行 Kaplan-Meier 估计，结果显示，本地教师初职持续时间中位数比外地教师多 5.3 年，采用 Log-rank、Wilcoxon 和-2Log(LR)进行整体性差异显著性检验，结果显示(表 3-85)，3 个检验统计量的 p 值均小于 0.001，表明不同来源地的教师初职持续时间中位数差异极显著。

采用时依协变量法检验比例风险假定，结果显示(表 3-86)，教师来源地变量与时间交互作用的 p 值大于 0.1，满足比例风险假定，可作为解释变量用于 Cox 比例风险模型建模。

17. 健康状况

将农村教师初职持续时间作为被解释变量，健康状况(x_{21})作为解释变量，构建单因素 Cox 比例风险回归模型。模型的形式为

$$h(t, X) = h_0(t) \exp(\beta_{21} x_{21}) \tag{式3-19}$$

利用 Kaplan-Meier 法计算不同组别农村教师初职持续时间平均数、中位数及其 95%置信区间，采用 Log-rank、Wilcoxon 和-2Log(LR)进行整体性差异显著性检验，运用 Log-rank 检验进行组间两两比较。

SAS 软件相关分析结果如表 3-87～表 3-91 所示。

表3-87 模型的拟合优度

标准	未引入解释变量	引入解释变量
-2LOGL	1799.375	1798.719
AIC	1799.375	1800.719
SBC	1799.375	1803.843

表3-88　模型整体显著性检验

检验方法	卡方值	自由度	p值
Likelihood Ratio 检验	0.655	1	0.418
Score 检验	0.656	1	0.418
Wald 检验	0.657	1	0.418

表3-89　模型的参数估计及检验

变量	自由度	参数估计值	标准误	卡方值	p值	风险比	风险比95%置信区间	
							下限	上限
x_{21}	1	0.044	0.054	0.657	0.418	1.045	0.940	1.161

表3-90　不同健康状况教师初职持续时间整体比较

检验方法	卡方值	自由度	p值
Log-rank 检验	2.287	4	0.683
Wilcoxon 检验	6.025	4	0.197
−2Log(LR)检验	0.371	4	0.985

表3-91　比例风险检验

时依协变量	卡方值	自由度	p值
$x_{21}*\ln(t\_)$	1.824	1	0.177

模型的拟合优度分析显示(表 3-87)，引入健康状况变量后模型的拟合效果增加并不显著。引入该变量后，模型的-2LOGL 值减少了 0.656，AIC 值增加了 1.344，SBC 值增加了 4.468，模型的拟合效果变化不显著。表 3-88 显示，模型的 Likelihood Ratio 检验统计量、Score 检验统计量和 Wald 检验统计量分别为 0.655、0.656 和 0.657，均未通过 10%水平的统计检验，因此可以认为方程总体不显著。

回归结果显示(表 3-89)，健康状况变量偏回归系数 $\beta_{21}=0.044>0$，表明该变量可以增加教师流失的发生风险，是增加教师流失的危险因素，但该变量未通过 10%水平的显著性检验，对教师流失影响不显著。

对不同健康状况的教师初职持续时间进行 Kaplan-Meier 估计，结果显示，教师的健康状况越好，教师初职持续时间的中位数越小；采用 Log-rank、Wilcoxon 和-2Log(LR)进行整体性差异显著性检验，结果显示(表 3-90)，3 个检验统计量的 p 值均大于 0.1，表明不同健康状况的教师持续时间中位数差异不显著。

模型的比例风险检验显示(表 3-91)，健康状况变量与时间交互作用的 p 值大于 0.1，故不拒绝原假设，实证模型满足比例风险假设。

18. 是否为骨干教师

将农村教师初职持续时间作为被解释变量，是否为骨干教师(x_{22})作为解释变量，构建单因素 Cox 比例风险回归模型。模型的形式为

$$h(t, X) = h_0(t)\exp(\beta_{22}x_{22}) \tag{式3-20}$$

利用 Kaplan-Meier 法计算不同组别农村教师初职持续时间平均数、中位数及其 95%置信区间，采用 Log-rank、Wilcoxon 和-2Log(LR)进行整体性差异显著性检验，运用 Log-rank 检验进行组间两两比较。

SAS 软件相关分析结果如表 3-92～表 3-96 所示。

表3-92　模型的拟合优度

标准	未引入解释变量	引入解释变量
-2LOGL	1688.656	1669.886
AIC	1688.656	1671.886
SBC	1688.656	1674.968

表3-93　模型整体显著性检验

检验方法	卡方值	自由度	p值
Likelihood Ratio 检验	18.770	1	<0.001
Score 检验	20.621	1	<0.001
Wald 检验	19.805	1	<0.001

表3-94　模型的参数估计及检验

变量	自由度	参数估计值	标准误	卡方值	p值	风险比	风险比95%置信区间	
							下限	上限
x_{22}	1	0.719	0.162	19.805	<0.001	2.052	1.495	2.816

表3-95 是否骨干教师初职持续时间整体比较

检验方法	卡方值	自由度	p值
Log-rank 检验	22.053	1	<0.001
Wilcoxon 检验	12.110	1	<0.001
-2Log(LR)检验	20.416	1	<0.001

表3-96 比例风险检验

时依协变量	卡方值	自由度	p值
$x_{22}*\ln(t\_)$	1.769	1	0.184

模型的拟合优度分析显示(表3-92)，引入是否为骨干教师变量后，模型的-2LOGL值减少了18.77，AIC值减少了16.77，SBC值减少了13.688，模型的拟合效果显著增加。表3-93显示，Likelihood Ratio检验、Score检验和Wald检验等3种方法的p值都小于0.001，表明模型具有很高的总体显著性。

回归结果显示(表3-94)，是否为骨干教师变量偏回归系数是正值，表示危险因素，即骨干教师总体上流失概率更高。其风险比2.052表示，若其他条件不变，则骨干教师在某个特定时刻流失的概率是非骨干教师的2.052倍。从置信下限来看，前者的风险比至少是后者的1.495倍。

对两组教师初职持续时间进行Kaplan-Meier估计，结果显示，骨干教师初职持续时间中位数比非骨干教师少5.5年，采用Log-rank、Wilcoxon和-2Log(LR)进行整体性差异显著性检验，结果显示(表3-95)，3个检验统计量的p值均小于0.001，表明两组教师初职持续时间中位数差异极显著。

运用时依协变量法对其进行比例风险假设的检验，结果显示(表3-96)，时依协变量的p值大于0.1，说明满足比例风险的假设条件。

19. 是否为中国共产党党员

将农村教师初职持续时间作为被解释变量，是否为中国共产党党员(x_{23})作为解释变量，构建单因素Cox比例风险回归模型。模型的形式为

$$h(t,X) = h_0(t)\exp(\beta_{23}x_{23}) \quad (式3-21)$$

利用Kaplan-Meier法计算不同组别农村教师初职持续时间平均数、中位数及其95%置信区间，采用Log-rank、Wilcoxon和-2Log(LR)进行整体性差异显

著性检验，运用 Log-rank 检验进行组间两两比较。

SAS 软件相关分析结果如表 3-97~表 3-101 所示。

表3-97 模型的拟合优度

标准	未引入解释变量	引入解释变量
-2LOGL	1632.861	1631.266
AIC	1632.861	1633.266
SBC	1632.861	1636.347

表3-98 模型整体显著性检验

检验方法	卡方值	自由度	p值
Likelihood Ratio 检验	1.595	1	0.207
Score 检验	1.662	1	0.197
Wald 检验	1.656	1	0.198

表3-99 模型的参数估计及检验

变量	自由度	参数估计值	标准误	卡方值	p值	风险比	风险比95%置信区间	
							下限	上限
x_{23}	1	0.233	0.181	1.656	0.198	1.263	0.885	1.801

表3-100 是否为中国共产党党员教师初职持续时间的整体比较

检验方法	卡方值	自由度	p值
Log-rank 检验	1.798	1	0.180
Wilcoxon 检验	0.145	1	0.704
-2Log(LR)检验	4.243	1	0.040

表3-101 比例风险检验

时依协变量	卡方值	自由度	p值
$x_{23}*\ln(t\_)$	1.657	1	0.198

模型的拟合优度分析显示(表 3-97)，引入是否为中国共产党党员变量后模型的拟合效果增加并不显著。引入该变量后，模型的-2LOGL 值仅减少了 1.595，

AIC 值增加了 0.405，SBC 值增加了 3.486，模型的拟合效果变化不显著。模型整体显著性检验显示(表 3-98)，Likelihood Ratio 检验统计量、Score 检验统计量和 Wald 检验统计量分别为 1.595、1.662 和 1.656，对应的显著性水平 p 值分别为 0.207、0.197 和 0.198，均大于 0.1，表明三种检验都不拒绝总体参数为零的原假设。

回归结果显示(表 3-99)，是否为中国共产党党员变量偏回归系数为正，是危险因素，但该变量未通过 10%水平的显著性检验，对教师流失影响不显著。

对两组教师初职持续时间进行 Kaplan-Meier 估计，结果显示，中国共产党党员持续时间中位数比非中国共产党党员少 1.8 年，采用 Log-rank、Wilcoxon 和-2Log(LR)进行整体性差异显著性检验，结果显示(表 3-100)，Log-rank 和 Wilcoxon 检验统计量的 p 值均大于 0.1，表明两组教师初职持续时间中位数差异不显著。

模型的比例风险检验显示(表 3-101)，是否为中国共产党党员变量与时间交互作用的 p 值大于 0.1，故不拒绝原假设，实证模型满足比例风险假设。

20. 是否从师范院校毕业

将农村教师初职持续时间作为被解释变量，是否从师范院校毕业(x_{24})作为解释变量，构建单因素 Cox 比例风险回归模型。模型的形式为

$$h(t, X) = h_0(t)\exp(\beta_{24}x_{24}) \qquad (式3\text{-}22)$$

利用 Kaplan-Meier 法计算不同组别农村教师初职持续时间平均数、中位数及其 95%置信区间，采用 Log-rank、Wilcoxon 和-2Log(LR)进行整体性差异显著性检验，运用 Log-rank 检验进行组间两两比较。

SAS 软件相关分析结果如表 3-102～表 3-106 所示。

表3-102　模型的拟合优度

标准	未引入解释变量	引入解释变量
-2LOGL	1688.875	1688.025
AIC	1688.875	1690.025
SBC	1688.875	1693.106

表3-103　模型整体显著性检验

检验方法	卡方值	自由度	p值
Likelihood Ratio 检验	0.851	1	0.356
Score 检验	0.863	1	0.353
Wald 检验	0.861	1	0.353

表3-104　模型的参数估计及检验

变量	自由度	参数估计值	标准误	卡方值	p值	风险比	风险比95%置信区间	
							下限	上限
x_{24}	1	−0.154	0.166	0.861	0.353	0.857	0.619	1.187

表3-105　是否从师范院校毕业教师初职持续时间整体比较

检验方法	卡方值	自由度	p值
Log-rank 检验	0.922	1	0.337
Wilcoxon 检验	3.192	1	0.074
−2Log(LR)检验	4.584	1	0.032

表3-106　比例风险检验

时依协变量	卡方值	自由度	p值
$x_{24}*\ln(t\_)$	1.914	1	0.167

模型的拟合优度分析显示(表 3-102)，引入是否从师范院校毕业变量后模型的拟合效果增加并不显著。引入该变量后，模型的−2LOGL 值仅减少了 0.85，AIC 值增加了 1.15，SBC 值增加了 3.231，模型的拟合效果变化不显著。模型整体显著性检验显示(表 3-103)，Likelihood Ratio 检验、Score 检验和 Wald 检验的 p 值均大于 0.1，表明三种检验都无法拒绝总体参数为零的原假设，模型整体不显著。

回归结果显示(表 3-104)，是否从师范院校毕业变量偏回归系数为负，是保护因素，但该变量未通过 10%水平的显著性检验，对教师流失影响不显著。

对两组教师初职持续时间进行 Kaplan-Meier 估计，结果显示，师范院校毕业教师初职持续时间中位数比非师范院校毕业教师多 1.8 年，采用 Log-rank、Wilcoxon 和−2Log(LR)进行整体性差异显著性检验，结果显示(表 3-105)，

Log-rank 和 Wilcoxon 检验统计量的 p 值均大于 0.05，表明两组教师在初职持续时间中位数方面差异并不显著。

比例风险检验显示(表 3-106)，是否从师范院校毕业这一变量与时间交互作用的 p 值(0.167)大于显著性水平(0.1)，表明模型符合比例风险假定的条件。

21. 承担科研项目级别

将农村教师初职持续时间作为被解释变量，承担科研项目级别(x_{25})作为解释变量，构建单因素 Cox 比例风险回归模型。模型的形式为

$$h(t,X) = h_0(t)\exp(\beta_{25}x_{25}) \tag{式3-23}$$

利用 Kaplan-Meier 法计算不同组别农村教师初职持续时间平均数、中位数及其 95%置信区间，采用 Log-rank、Wilcoxon 和-2Log(LR)进行整体性差异显著性检验，运用 Log-rank 检验进行组间两两比较。

SAS 软件相关分析结果如表 3-107～表 3-112 所示。

表3-107　模型的拟合优度

标准	未引入解释变量	引入解释变量
-2LOGL	1739.432	1723.634
AIC	1739.432	1725.634
SBC	1739.432	1728.734

表3-108　模型整体显著性检验

检验方法	卡方值	自由度	p值
Likelihood Ratio 检验	15.798	1	<0.001
Score 检验	16.165	1	<0.001
Wald 检验	15.858	1	<0.001

表3-109　模型的参数估计及检验

变量	自由度	参数估计值	标准误	卡方值	p值	风险比	风险比95%置信区间	
							下限	上限
x_{25}	1	0.301	0.076	15.858	<0.001	1.351	1.165	1.567

表3-110 承担不同科研项目级别教师初职持续时间整体比较

检验方法	卡方值	自由度	p值
Log-rank 检验	18.875	3	<0.001
Wilcoxon 检验	35.137	3	<0.001
-2Log(LR)检验	0.894	3	0.827

表3-111 承担不同科研项目级别教师初职持续时间多重比较

	校级科研项目	县级科研项目	市级及以上科研项目
无科研项目	0.205	0.017**	<0.001***
校级科研项目		0.166	0.004***
县级科研项目			0.181

注：*、**、***分别表示10%、5%、1%水平上显著。

表3-112 比例风险检验

时依协变量	卡方值	自由度	p值
$x_{25}*\ln(t\_)$	1.649	1	0.199

模型的拟合优度分析显示(表 3-107)，引入承担科研项目级别变量后，模型的-2LOGL 值减少了 15.798，AIC 值减少了 13.798，SBC 值减少了 10.698，模型的拟合效果显著增加。模型整体显著性检验显示(表 3-108)，Likelihood Ratio 检验、Score 检验和 Wald 检验的 p 值均小于 0.001，表明三个检验都拒绝了总体参数为零的原假设。

回归结果显示(表 3-109)承担科研项目级别变量偏回归系数 $\beta_{25}=0.301>0$，从系数符号看，该变量是危险因素，会加大教师流失的风险，其相对危险度为 1.351，也就是说，承担科研项目级别每增加一个等级，教师流失风险增加 35.1%，该变量值越大，说明教师流失的可能性越大，持续时间越短。

对承担不同科研项目级别的教师初职持续时间进行 Kaplan-Meier 估计，结果显示，教师承担科研项目级别越高，教师初职持续时间中位数越小。承担市级及以上科研项目教师初职持续时间中位数最小，其次为承担县级科研项目教师，无科研项目教师初职持续时间中位数最大；采用 Log-rank、Wilcoxon 和 -2Log(LR)方法进行整体性检验，结果显示(表 3-110)，承担不同科研项目级别教师初职持续时间中位数差异有统计学意义（$p<0.001$）。进一步运用 Log-rank 检

验进行组间两两比较(表3-111)，结果显示，无科研项目与县级科研项目及市级及以上科研项目比较差异有统计学意义($p<0.05$)，校级科研项目与市级及以上科研项目比较差异有统计学意义($p<0.01$)，其他组与组之间的对比 p 值均大于 0.1，差异无统计学意义。

比例风险检验显示(表 3-112)，时依协变量的 p 值大于 0.1，说明满足比例风险的假设条件。

22. 任教岗位

将农村教师初职持续时间作为被解释变量，任教岗位(x_{26})作为解释变量，构建单因素 Cox 比例风险回归模型。模型的形式为

$$h(t,X) = h_0(t)\exp(\beta_{26}x_{26}) \tag{式3-24}$$

利用 Kaplan-Meier 法计算不同组别农村教师初职持续时间平均数、中位数及其 95%置信区间，采用 Log-rank、Wilcoxon 和-2Log(LR)进行整体性差异显著性检验，运用 Log-rank 检验进行组间两两比较。

SAS 软件相关分析结果如表 3-113～表 3-117 所示。

表3-113　模型的拟合优度

标准	未引入解释变量	引入解释变量
-2LOGL	1688.365	1676.967
AIC	1688.365	1678.967
SBC	1688.365	1682.049

表3-114　模型整体显著性检验

检验方法	卡方值	自由度	p值
Likelihood Ratio 检验	11.397	1	<0.001
Score 检验	13.061	1	<0.001
Wald 检验	12.637	1	<0.001

表3-115　模型的参数估计及检验

变量	自由度	参数估计值	标准误	卡方值	p值	风险比	风险比95%置信区间	
							下限	上限
x_{26}	1	0.641	0.180	12.637	<0.001	1.899	1.333	2.705

表3-116 不同任教岗位教师初职持续时间整体比较

检验方法	卡方值	自由度	p值
Log-rank 检验	13.877	1	<0.001
Wilcoxon 检验	8.259	1	0.004
-2Log(LR)检验	11.294	1	<0.001

表3-117 比例风险检验

时依协变量	卡方值	自由度	p值
$x_{26}*\ln(t\_)$	1.865	1	0.172

模型的拟合优度分析显示(表 3-113)，引入任教岗位变量后，模型的-2LOGL值减少了 11.398，AIC 值减少了 9.398，SBC 值减少了 6.316，模型的拟合效果显著增加。模型整体显著性检验显示(表 3-114)，Likelihood Ratio 检验、Score 检验和 Wald 检验的 p 值均小于 0.001，表明三种检验都拒绝了总体参数为零的原假设，模型整体显著。

回归结果显示(表 3-115)，任教岗位变量偏回归系数为正且通过了 1%水平的显著性检验，说明该变量是危险因素，特岗教师流失风险更高。风险比的点估计值为 1.899，即特岗教师的流失风险是普岗教师的 1.899 倍，从置信下限来看，前者的风险比至少是后者的 1.333 倍。

对不同任教岗位的教师初职持续时间进行 Kaplan-Meier 估计，结果显示，普岗教师初职持续时间中位数比特岗教师多 8.8 年，采用 Log-rank、Wilcoxon 和-2Log(LR)进行整体性差异显著性检验，结果显示(表 3-116)，3 个检验统计量的 p 值均小于 0.01，表明不同任教岗位的教师初职持续时间中位数差异极显著。

比例风险检验显示(表 3-117)，任教岗位变量与时间交互作用的 p 值大于 0.1，模型符合比例风险假定。

23. 是否为支教教师

将农村教师初职持续时间作为被解释变量，是否为支教教师(x_{27})作为解释变量，构建单因素 Cox 比例风险回归模型。模型的形式为

$$h(t,X) = h_0(t)\exp(\beta_{27}x_{27}) \tag{式3-25}$$

利用 Kaplan-Meier 法计算不同组别农村教师初职持续时间平均数、中位数

及其95%置信区间，采用Log-rank、Wilcoxon和-2Log(LR)进行整体性差异显著性检验，运用Log-rank检验进行组间两两比较。

SAS软件相关分析结果如表3-118～表3-122所示。

表3-118 模型的拟合优度

标准	未引入解释变量	引入解释变量
-2LOGL	1680.989	1665.583
AIC	1680.989	1667.583
SBC	1680.989	1670.664

表3-119 模型整体显著性检验

检验方法	卡方值	自由度	p值
Likelihood Ratio 检验	15.406	1	<0.001
Score 检验	18.283	1	<0.001
Wald 检验	17.465	1	<0.001

表3-120 模型的参数估计及检验

变量	自由度	参数估计值	标准误	卡方值	p值	风险比	风险比95%置信区间	
							下限	上限
x_{27}	1	0.749	0.179	17.465	<0.001	2.114	1.488	3.004

表3-121 是否支教教师初职持续时间整体比较

检验方法	卡方值	自由度	p值
Log-rank 检验	19.361	1	<0.001
Wilcoxon 检验	13.472	1	<0.001
-2Log(LR)检验	13.460	1	<0.001

表3-122 比例风险检验

时依协变量	卡方值	自由度	p值
$x_{27}*\ln(t\_)$	1.775	1	0.183

模型的拟合优度分析显示(表3-118)，引入是否为支教教师变量后，模型的

−2LOGL 值减少了 15.406，AIC 值减少了 13.406，SBC 值减少了 10.325，模型的拟合效果增加显著，表明 Cox 比例风险模型估计结果整体上较为理想。模型整体显著性检验显示(表 3-119)，Likelihood Ratio 检验统计量、Score 检验统计量和 Wald 检验统计量分别为 15.406、18.283 和 17.465，对应的显著性水平均小于 0.001，表明三种检验都拒绝了总体参数为零的原假设。

回归结果显示(表 3-120)，是否为支教教师变量偏回归系数为正且通过了 1%水平的显著性检验，说明该变量是危险因素，支教教师流失风险更高。风险比的点估计值为 2.114，即支教教师的流失风险是非支教教师的 2.114 倍。从置信下限来看，前者的风险比至少是后者的 1.488 倍。

对两组教师初职持续时间进行 Kaplan-Meier 估计，结果显示，支教教师初职持续时间中位数比非支教教师少 8.9 年，采用 Log-rank、Wilcoxon 和−2Log(LR) 进行整体性差异显著性检验，结果显示(表 3-121)，3 个检验统计量的 p 值均小于 0.001，表明两组教师初职持续时间中位数差异极显著。

模型的比例风险检验显示(表 3-122)，时依协变量的 p 值大于 0.1，说明是否为支教教师变量满足比例风险假定。

3.1.3 家庭因素对农村教师初职持续时间的影响

1. 配偶工作地点

将农村教师初职持续时间作为被解释变量，配偶工作地点(x_{28})作为解释变量，构建单因素 Cox 比例风险回归模型。模型的形式为

$$h(t,X) = h_0(t)\exp(\beta_{28}x_{28}) \tag{式3-26}$$

利用 Kaplan-Meier 法计算不同组别农村教师初职持续时间平均数、中位数及其 95%置信区间，采用 Log-rank、Wilcoxon 和−2Log(LR)进行整体性差异显著性检验，运用 Log-rank 检验进行组间两两比较。

SAS 软件相关分析结果如表 3-123~表 3-127 所示。

表3-123　模型的拟合优度

标准	未引入解释变量	引入解释变量
−2LOGL	1705.145	1661.048
AIC	1705.145	1663.048
SBC	1705.145	1666.129

表3-124　模型整体显著性检验

检验方法	卡方值	自由度	p值
Likelihood Ratio 检验	44.097	1	<0.001
Score 检验	55.895	1	<0.001
Wald 检验	50.342	1	<0.001

表3-125　模型的参数估计及检验

变量	自由度	参数估计值	标准误	卡方值	p值	风险比	风险比95%置信区间	
							下限	上限
x_{28}	1	−1.183	0.167	50.342	<0.001	0.306	0.221	0.425

表3-126　不同配偶工作地点教师初职持续时间整体比较

检验方法	卡方值	自由度	p值
Log-rank 检验	59.915	1	<0.001
Wilcoxon 检验	84.674	1	<0.001
−2Log(LR)检验	32.111	1	<0.001

表3-127　比例风险检验

时依协变量	卡方值	自由度	p值
$x_{28}*\ln(t\_)$	1.598	1	0.206

模型的拟合优度分析显示(表 3-123)，引入配偶工作地点变量后，模型的−2LOGL 值减少了 44.097，AIC 值减少了 42.097，SBC 值减少了 39.016，模型的拟合效果显著增加。模型整体显著性检验显示(表 3-124)，Likelihood Ratio 检验、Score 检验和 Wald 检验的 p 值均小于 0.001，表明三种检验都拒绝了总体参数为零的原假设。

回归结果显示(表 3-125)，配偶工作地点变量偏回归系数为负且通过了 1% 水平的显著性检验，说明该变量是保护因素，配偶在外地工作的教师流失风险更高。风险比的点估计值为 0.306，即配偶在本地工作的教师流失风险是配偶在外地工作的教师的 30.6%。从置信上限来看，前者的风险比至多是后者的 42.5%。

对不同配偶工作地点教师初职持续时间进行 Kaplan-Meier 估计，结果显示，配偶在本地工作的教师初职持续时间中位数比配偶在外地工作的教师多 6.3 年，采用 Log-rank、Wilcoxon 和-2Log(LR)进行整体性差异显著性检验，结果显示(表 3-126)，3 个检验统计量的 p 值均小于 0.001，表明不同配偶工作地点的教师初职持续时间中位数差异极显著。

模型的比例风险检验显示(表 3-127)，配偶工作地点变量与时间交互作用的 p 值大于 0.1，故不拒绝原假设，实证模型满足比例风险假设。

2. 家庭是否有老人需要照顾

将农村教师初职持续时间作为被解释变量，家庭是否有老人需要照顾(x_{29})作为解释变量，构建单因素 Cox 比例风险回归模型。模型的形式为

$$h(t,X) = h_0(t)\exp(\beta_{29}x_{29}) \tag{式3-27}$$

利用 Kaplan-Meier 法计算不同组别农村教师初职持续时间平均数、中位数及其 95%置信区间，采用 Log-rank、Wilcoxon 和-2Log(LR)进行整体性差异显著性检验，运用 Log-rank 检验进行组间两两比较。

SAS 软件相关分析结果如表 3-128～表 3-132 所示。

表3-128 模型的拟合优度

标准	未引入解释变量	引入解释变量
-2LOGL	1672.490	1671.274
AIC	1672.490	1673.274
SBC	1672.490	1676.355

表3-129 模型整体显著性检验

检验方法	卡方值	自由度	p值
Likelihood Ratio 检验	1.216	1	0.270
Score 检验	1.239	1	0.266
Wald 检验	1.236	1	0.266

表3-130 模型的参数估计及检验

变量	自由度	参数估计值	标准误	卡方值	p值	风险比	风险比95%置信区间	
							下限	上限
x_{29}	1	-0.185	0.166	1.236	0.266	0.831	0.601	1.151

表3-131　家庭是否有老人需要照顾教师初职持续时间整体比较

检验方法	卡方值	自由度	p值
Log-rank 检验	1.312	1	0.252
Wilcoxon 检验	1.087	1	0.297
-2Log(LR)检验	5.637	1	0.018

表3-132　比例风险检验

时依协变量	卡方值	自由度	p值
$x_{29}*\ln(t\_)$	1.756	1	0.185

模型的拟合优度分析显示(表3-128)，引入家庭是否有老人需要照顾变量后模型的拟合效果增加并不显著。引入该变量后，模型的-2LOGL值减少了1.216，AIC值增加了0.784，SBC值增加了3.865，模型的拟合效果变化不显著。表3-129显示，模型的Likelihood Ratio检验统计量、Score检验统计量和Wald检验统计量分别为1.216、1.239和1.236，均未通过10%水平的统计检验，因此可以认为方程总体不显著。

模型的参数估计及检验显示(表3-130)，在0.1的显著性水平下，家庭是否有老人需要照顾变量未通过显著性检验，这说明该变量对教师工作持续时间影响不显著。

对两组教师初职持续时间进行Kaplan-Meier估计，结果显示，有老人需要照顾的教师初职持续时间中位数比无老人需要照顾的教师多2.1年，采用Log-rank、Wilcoxon和-2Log(LR)进行整体性差异显著性检验，结果显示(表3-131)，Log-rank和Wilcoxon检验统计量的p值均大于0.1，表明两组教师初职持续时间中位数差异不显著。

运用时依协变量法对其进行比例风险假设的检验，结果显示(表3-132)，时依协变量的p值大于0.1，说明满足比例风险的假设条件。

3. 家庭年收入

将农村教师初职持续时间作为被解释变量，家庭年收入(x_{30})作为解释变量，构建单因素Cox比例风险回归模型。模型的形式为

$$h(t,X) = h_0(t)\exp(\beta_{30}x_{30}) \quad (式3\text{-}28)$$

利用 Kaplan-Meier 法计算不同组别农村教师初职持续时间平均数、中位数及其 95%置信区间，采用 Log-rank、Wilcoxon 和-2Log(LR)进行整体性差异显著性检验，运用 Log-rank 检验进行组间两两比较。

SAS 软件相关分析结果如表 3-133～表 3-138 所示。

表3-133　模型的拟合优度

标准	未引入解释变量	引入解释变量
-2LOGL	1479.103	1435.844
AIC	1479.103	1437.844
SBC	1479.103	1440.779

表3-134　模型整体显著性检验

检验方法	卡方值	自由度	p值
Likelihood Ratio 检验	43.259	1	<0.001
Score 检验	45.102	1	<0.001
Wald 检验	42.026	1	<0.001

表3-135　模型的参数估计及检验

变量	自由度	参数估计值	标准误	卡方值	p值	风险比	风险比95%置信区间	
							下限	上限
x_{30}	1	-0.758	0.117	42.026	<0.001	0.469	0.373	0.589

表3-136　不同家庭年收入教师初职持续时间整体比较

检验方法	卡方值	自由度	p值
Log-rank 检验	53.166	2	<0.001
Wilcoxon 检验	76.189	2	<0.001
-2Log(LR)检验	18.589	2	<0.001

表3-137　不同家庭年收入教师初职持续时间多重比较

	7～12 万元	12 万元及以上
7 万元以下	<0.001***	<0.001***
7～12 万元		0.008***

注：*、**、***分别表示 10%、5%、1%水平上显著。

表3-138 比例风险检验

时依协变量	卡方值	自由度	p值
$x_{30}*\ln(t\_)$	1.813	1	0.178

模型的拟合优度分析显示(表3-133)，引入家庭年收入变量后的模型和引入前相比，-2LOGL值从1479.103下降到1435.844，减少了43.259，AIC值从1479.103下降到1437.844，减少了41.259，SBC值从1479.103下降到1440.779，减少了38.324，表明模型拟合良好。表3-134显示，模型的Likelihood Ratio检验统计量、Score检验统计量和Wald检验统计量分别为43.259、45.102和42.026，均高度显著，表明模型的模拟效果良好，应拒绝回归系数均为0的假设。

回归结果显示(表3-135)，家庭年收入变量偏回归系数$\beta_{30}=-0.758<0$，它与教师流失风险呈负相关，即家庭年收入越高，教师流失风险就越小；相对风险度为0.469，家庭年收入每增加一个级别，流失的相对风险度降低53.1%。

对不同家庭年收入的教师初职持续时间进行Kaplan-Meier估计，结果显示，家庭年收入越高，中位持续时间越长。其中年收入在12万元及以上教师中位持续时间分别比年收入为7～12万元和7万元以下教师高出4.4年和6.1年。采用Log-rank、Wilcoxon和-2Log(LR)进行整体性差异显著性检验，结果显示(表3-136)，3个检验统计量的p值均小于0.001，表明不同家庭年收入的教师初职持续时间差异极显著。进一步运用Log-rank检验进行组间两两比较(表3-137)，结果显示，各组间差异在0.01显著性水平下具有统计学意义。

模型的比例风险检验显示(表3-138)，时依协变量的p值大于0.1，说明家庭年收入变量满足比例风险假定。

4. 家庭人口数

将农村教师初职持续时间作为被解释变量，家庭人口数(x_{31})作为解释变量，构建单因素Cox比例风险回归模型。模型的形式为

$$h(t,X)=h_0(t)\exp(\beta_{31}x_{31}) \tag{式3-29}$$

利用Kaplan-Meier法计算不同组别农村教师初职持续时间平均数、中位数及其95%置信区间，采用Log-rank、Wilcoxon和-2Log(LR)进行整体性差异显著性检验，运用Log-rank检验进行组间两两比较。

SAS软件相关分析结果如表3-139～表3-143所示。

表3-139　模型的拟合优度

标准	未引入解释变量	引入解释变量
-2LOGL	1732.867	1731.095
AIC	1732.867	1733.095
SBC	1732.867	1736.195

表3-140　模型整体显著性检验

检验方法	卡方值	自由度	p值
Likelihood Ratio 检验	1.772	1	0.183
Score 检验	1.780	1	0.182
Wald 检验	1.776	1	0.183

表3-141　模型的参数估计及检验

变量	自由度	参数估计值	标准误	卡方值	p值	风险比	风险比95%置信区间	
							下限	上限
x_{31}	1	0.093	0.070	1.776	0.183	1.098	0.957	1.259

表3-142　不同家庭人口数教师初职持续时间整体比较

检验方法	卡方值	自由度	p值
Log-rank 检验	2.608	3	0.456
Wilcoxon 检验	14.199	3	0.003
-2Log(LR)检验	0.550	3	0.908

表3-143　比例风险检验

时依协变量	卡方值	自由度	p值
$x_{31}*\ln(t\_)$	1.594	1	0.207

模型的拟合优度分析显示(表 3-139)，引入家庭人口数变量后模型的拟合效果增加并不显著。引入该变量后，模型的-2LOGL 值减少了 1.772，AIC 值增加了 0.228，SBC 值增加了 3.328，模型的拟合效果变化不显著。模型整体显著性检验结果(表 3-140)表明，无论是 Likelihood Ratio 检验、Score 检验还是 Wald 检验，p 值均大于 0.1，表明三种检验都不能拒绝总体参数为零的原假设。

回归结果显示(表 3-141)，家庭人口数变量偏回归系数 $\beta_{31}=0.093>0$，从系数符号看，表明家庭人口数是危险因素，增加了发生流失的危险性，但该变量未通过 10%水平的统计检验，对教师流失影响不显著。

对不同家庭人口数的教师初职持续时间进行 Kaplan-Meier 估计，结果显示，随着教师家庭人口数递增，教师初职持续时间中位数呈递减趋势；采用 Log-rank、Wilcoxon 和-2Log(LR)进行整体性差异显著性检验，结果显示(表 3-142)，Log-rank 和-2Log(LR)检验统计量的 p 值均大于 0.1，表明不同家庭人口数的教师初职持续时间中位数差异不显著。

模型的比例风险检验显示(表 3-143)，家庭人口数变量与时间交互作用的 p 值大于 0.1，故不拒绝原假设，实证模型满足比例风险假设。

5. 子女就学状况

将农村教师初职持续时间作为被解释变量，子女就学状况(x_{32})作为解释变量，构建单因素 Cox 比例风险回归模型。模型的形式为

$$h(t,X) = h_0(t)\exp(\beta_{32}x_{32}) \tag{式3-30}$$

利用 Kaplan-Meier 法计算不同组别农村教师初职持续时间平均数、中位数及其 95%置信区间，采用 Log-rank、Wilcoxon 和-2Log(LR)进行整体性差异显著性检验，运用 Log-rank 检验进行组间两两比较。

SAS 软件相关分析结果如表 3-144~表 3-149 所示。

表3-144 模型的拟合优度

标准	未引入解释变量	引入解释变量
-2LOGL	1767.566	1712.801
AIC	1767.566	1714.801
SBC	1767.566	1717.931

表3-145 模型整体显著性检验

检验方法	卡方值	自由度	p值
Likelihood Ratio 检验	54.766	1	<0.001
Score 检验	58.300	1	<0.001
Wald 检验	55.338	1	<0.001

表3-146　模型的参数估计及检验

变量	自由度	参数估计值	标准误	卡方值	p值	风险比	风险比95%置信区间	
							下限	上限
x_{32}	1	−0.385	0.052	55.338	<0.001	0.680	0.615	0.753

表3-147　不同子女就学状况教师初职持续时间整体比较

检验方法	卡方值	自由度	p值
Log-rank检验	81.636	5	<0.001
Wilcoxon检验	92.592	5	<0.001
−2Log(LR)检验	6.887	5	0.229

表3-148　不同子女就学状况教师初职持续时间多重比较

	在读小学	在读初中	在读高中	在读大学	已工作
在读幼儿园	0.449	0.413	<0.001***	<0.001***	<0.001***
在读小学		0.892	<0.001***	<0.001***	<0.001***
在读初中			<0.001***	<0.001***	<0.001***
在读高中				0.652	0.645
在读大学					0.507

注：*、**、***分别表示10%、5%、1%水平上显著。

表3-149　比例风险检验

时依协变量	卡方值	自由度	p值
$x_{32}*\ln(t\_)$	1.726	1	0.189

模型的拟合优度分析显示(表3-144)，引入子女就学状况变量后，模型的−2LOGL值减少了54.765，AIC值减少了52.765，SBC值减少了49.635，模型的拟合效果显著增加。表3-145显示，Likelihood Ratio检验、Score检验和Wald检验等3种方法的p值均小于0.001，表明模型具有很高的总体显著性。

回归结果显示(表3-146)，子女就学状况变量偏回归系数为负且通过了1%水平的显著性检验，说明该变量是保护因素，教师子女就学年段越高，教师初职持续时间越长，流失率越低。其相对危险度为0.680，也就是说，子女就学状况每提升一个级别，教师流失风险降低32%。

对不同子女就学状况的教师初职持续时间进行Kaplan-Meier估计，结果显示,子女就学年段越高,中位持续时间越长。其中子女已工作的农村教师中位持续时间分别比子女在读幼儿园、在读小学、在读初中、在读高中、在读大学的教师高出9.1年、8.3年、6.5年、2.2年和1.7年。采用Log-rank、Wilcoxon和-2Log(LR)方法进行整体性检验,结果显示(表3-147),Log-rank和Wilcoxon检验统计量的p值均小于0.001,表明不同子女就学状况的教师初职持续时间中位数差异有统计学意义。进一步运用Log-rank检验进行组间两两比较,结果显示(表3-148),在读幼儿园与在读高中、在读大学、已工作组间比较差异有统计学意义($p<0.001$);在读小学与在读高中、在读大学、已工作组间比较差异有统计学意义($p<0.001$);在读初中与在读高中、在读大学、已工作组间比较差异有统计学意义($p<0.001$)。其他组与组之间的对比p值均大于0.1,差异无统计学意义。

模型的比例风险检验显示(表3-149),子女就学状况变量与时间交互作用的p值大于0.1,故不拒绝原假设,实证模型满足比例风险假设。

6. 子女人数

将农村教师初职持续时间作为被解释变量,子女人数(x_{33})作为解释变量,构建单因素Cox比例风险回归模型。模型的形式为

$$h(t, X) = h_0(t)\exp(\beta_{33}x_{33}) \tag{式3-31}$$

利用Kaplan-Meier法计算不同组别农村教师初职持续时间平均数、中位数及其95%置信区间,采用Log-rank、Wilcoxon和-2Log(LR)进行整体性差异显著性检验,运用Log-rank检验进行组间两两比较。

SAS软件相关分析结果如表3-150～表3-154所示。

表3-150 模型的拟合优度

标准	未引入解释变量	引入解释变量
-2LOGL	1651.813	1649.180
AIC	1651.813	1651.180
SBC	1651.813	1654.217

表3-151 模型整体显著性检验

检验方法	卡方值	自由度	p值
Likelihood Ratio 检验	2.633	1	0.105

(续表)

检验方法	卡方值	自由度	p值
Score 检验	2.636	1	0.105
Wald 检验	2.626	1	0.105

表3-152　模型的参数估计及检验

变量	自由度	参数估计值	标准误	卡方值	p值	风险比	风险比95%置信区间	
							下限	上限
x_{33}	1	0.158	0.098	2.626	0.105	1.171	0.967	1.418

表3-153　不同子女人数教师初职持续时间整体比较

检验方法	卡方值	自由度	p值
Log-rank 检验	3.524	2	0.172
Wilcoxon 检验	9.927	2	0.007
−2Log(LR)检验	2.346	2	0.310

表3-154　比例风险检验

时依协变量	卡方值	自由度	p值
$x_{33}*\ln(t\_)$	1.629	1	0.202

模型的拟合优度分析显示(表 3-150)，引入子女人数变量后模型的拟合效果增加并不显著。引入该变量后，模型的-2LOGL 值仅减少了 2.633，AIC 值减少了 0.633，SBC 值增加了 2.404，模型的拟合效果变化不显著。模型整体显著性检验结果(表 3-151)表明，无论是 Likelihood Ratio 检验、Score 检验还是 Wald 检验，p 值均大于 0.1，表明三种检验都不能拒绝总体参数为零的原假设。

回归结果显示(表 3-152)，子女人数变量偏回归系数 β_{33}=0.158>0，从系数符号看，表明子女人数是危险因素，增加了发生流失的风险性，但该变量未通过 10%水平的统计检验，对教师流失影响不显著。

对不同子女人数的教师初职持续时间进行 Kaplan-Meier 估计，结果显示，随着教师子女人数递增，教师初职持续时间中位数呈递减趋势；采用 Log-rank、Wilcoxon 和-2Log(LR)进行整体性差异显著性检验，结果显示(表 3-153)，Log-rank 和-2Log(LR)检验统计量的 p 值均大于 0.1，表明不同子女人数的教师初职持续时间中位数差异不显著。

模型的比例风险检验显示(表 3-154)，子女人数变量与时间交互作用的 p 值大于 0.1，故不拒绝原假设，实证模型满足比例风险假设。

7. 家庭关系

将农村教师初职持续时间作为被解释变量，家庭关系(x_{34})作为解释变量，构建单因素 Cox 比例风险回归模型。模型的形式为

$$h(t,X) = h_0(t)\exp(\beta_{34} x_{34}) \tag{式3-32}$$

利用 Kaplan-Meier 法计算不同组别农村教师初职持续时间平均数、中位数及其 95%置信区间，采用 Log-rank、Wilcoxon 和-2Log(LR)进行整体性差异显著性检验，运用 Log-rank 检验进行组间两两比较。

SAS 软件相关分析结果如表 3-155～表 3-160 所示。

表3-155　模型的拟合优度

标准	未引入解释变量	引入解释变量
-2LOGL	1745.395	1689.775
AIC	1745.395	1691.775
SBC	1745.395	1694.899

表3-156　模型整体显著性检验

检验方法	卡方值	自由度	p值
Likelihood Ratio 检验	55.620	1	<0.001
Score 检验	60.210	1	<0.001
Wald 检验	56.507	1	<0.001

表3-157　模型的参数估计及检验

变量	自由度	参数估计值	标准误	卡方值	p值	风险比	风险比95%置信区间	
							下限	上限
x_{34}	1	-0.455	0.060	56.507	<0.001	0.635	0.564	0.715

表3-158 不同家庭关系持续时间整体比较

检验方法	卡方值	自由度	p值
Log-rank 检验	77.860	4	<0.001
Wilcoxon 检验	79.552	4	<0.001
-2Log(LR)检验	4.148	4	0.386

表3-159 不同家庭关系持续时间多重比较

	不太融洽	一般	比较融洽	很融洽
很不融洽	0.925	0.454	<0.001***	<0.001***
不太融洽		0.455	<0.001***	<0.001***
一般			<0.001***	<0.001***
比较融洽				0.895

注：*、**、***分别表示10%、5%、1%水平上显著。

表3-160 比例风险检验

时依协变量	卡方值	自由度	p值
$x_{34}*\ln(t\_)$	1.903	1	0.168

模型的拟合优度分析显示(表3-155)，引入家庭关系变量后，模型的-2LOGL值减少了55.62，AIC值减少了53.62，SBC值减少了50.496，模型的拟合效果显著增加。模型整体显著性检验显示(表3-156)，Likelihood Ratio 检验、Score检验和 Wald 检验显著水平的 p 值均小于 0.001，表明三种检验都拒绝了总体参数为零的原假设。

回归结果显示(表3-157)，家庭关系变量偏回归系数为负且通过了1%水平的显著性检验，说明该变量是保护因素，家庭关系越融洽，持续时间越长，流失率越低。其相对危险度为 0.635，也就是说，家庭关系每增加一个等级，教师流失风险就会降低 36.5%。

对不同家庭关系的教师初职持续时间进行 Kaplan-Meier 估计，结果显示，家庭关系越融洽，中位持续时间越长，其中家庭关系"很融洽"的教师初职持续时间中位数分别比家庭关系"比较融洽""一般""不太融洽""很不融洽"的教师高出1.6年、4.5年、5.3年和5.8年。采用 Log-rank、Wilcoxon 和-2Log(LR)方法进行整体性检验，结果显示(表3-158)，Log-rank 和 Wilcoxon 检验统计量的 p 值均小于 0.001，表明不同家庭关系的教师初职持续时间中位数差异有统计学意义。进一步运用 Log-rank 检验进行组间两两比较，结果显示(表 3-159)，"很不融洽"与"比较融洽"和"很融洽"比较差异有统计学意义($p<0.001$)；"不太融洽"与"比较融洽"和"很融洽"比较差异有统计学意义($p<0.001$)；"一般"与"比较融洽"和"很融洽"比较差异有统计学意义($p<0.001$)。其他组与组之间的对比 p 值均大于 0.1，差异无统计学意义。

比例风险检验显示(表 3-160)，时依协变量的 p 值大于 0.1，说明满足比例风险的假设条件。

8. 家庭是否有6岁以下儿童

将农村教师初职持续时间作为被解释变量，家庭是否有 6 岁以下儿童(x_{35})作为解释变量，构建单因素 Cox 比例风险回归模型。模型的形式为

$$h(t, X) = h_0(t) \exp(\beta_{35} x_{35}) \tag{式3-33}$$

利用 Kaplan-Meier 法计算不同组别农村教师初职持续时间平均数、中位数及其 95%置信区间，采用 Log-rank、Wilcoxon 和-2Log(LR)进行整体性差异显著性检验，运用 Log-rank 检验进行组间两两比较。

SAS 软件相关分析结果如表 3-161～表 3-165 所示。

表3-161　模型的拟合优度

标准	未引入解释变量	引入解释变量
-2LOGL	1622.412	1622.031
AIC	1622.412	1624.031
SBC	1622.412	1627.112

表3-162　模型整体显著性检验

检验方法	卡方值	自由度	p值
Likelihood Ratio 检验	0.381	1	0.537
Score 检验	0.388	1	0.533
Wald 检验	0.388	1	0.533

表3-163 模型的参数估计及检验

变量	自由度	参数估计值	标准误	卡方值	p值	风险比	风险比95%置信区间	
							下限	上限
x_{35}	1	0.113	0.182	0.388	0.533	1.120	0.784	1.598

表3-164 家庭是否有6岁以下儿童教师初职持续时间整体比较

检验方法	卡方值	自由度	p值
Log-rank 检验	0.418	1	0.518
Wilcoxon 检验	2.022	1	0.155
-2Log(LR)检验	2.837	1	0.092

表3-165 比例风险检验

时依协变量	卡方值	自由度	p值
$x_{35}*\ln(t\_)$	1.487	1	0.223

模型的拟合优度分析显示(表3-161),引入家庭是否有6岁以下儿童变量后模型的拟合效果增加并不显著。引入该变量后,模型的-2LOGL值减少了0.381,AIC值增加了1.619,SBC值增加了4.7,模型的拟合效果变化不显著。模型整体显著性检验显示(表3-162),Likelihood Ratio检验统计量、Score检验统计量和Wald检验统计量分别为0.381、0.388和0.388,对应的显著性水平p值均大于0.1,表明三种检验都不能拒绝总体参数为零的原假设。

模型的参数估计及检验显示(表3-163),在0.1的显著性水平下,家庭是否有6岁以下儿童变量未通过显著性检验,这说明所引入的家庭是否有6岁以下儿童变量对教师初职持续时间影响不显著。

对两组教师初职持续时间进行Kaplan-Meier估计,结果显示,家庭有6岁以下儿童的教师初职持续时间中位数比家庭没有6岁以下儿童的教师少2.1年,采用Log-rank、Wilcoxon和-2Log(LR)进行整体性差异显著性检验,结果显示(表3-164),Log-rank和Wilcoxon检验统计量的p值均大于0.1,表明两组教师初职持续时间中位数差异不显著。

比例风险检验显示(表3-165),时依协变量的p值大于0.1,说明满足比例风险的假设条件。

3.1.4 学校因素对农村教师初职持续时间的影响

1. 学校性质

将农村教师初职持续时间作为被解释变量,学校性质(x_{36})作为解释变量,构建单因素 Cox 比例风险回归模型。模型的形式为

$$h(t,X) = h_0(t)\exp(\beta_{36}x_{36}) \quad (式3\text{-}34)$$

利用 Kaplan-Meier 法计算不同组别农村教师初职持续时间平均数、中位数及其 95%置信区间,采用 Log-rank、Wilcoxon 和-2Log(LR)进行整体性差异显著性检验,运用 Log-rank 检验进行组间两两比较。

SAS 软件相关分析结果如表 3-166～表 3-170 所示。

表3-166 模型的拟合优度

标准	未引入解释变量	引入解释变量
-2LOGL	1703.110	1665.106
AIC	1703.110	1667.106
SBC	1703.110	1670.187

表3-167 模型整体显著性检验

检验方法	卡方值	自由度	p值
Likelihood Ratio 检验	38.004	1	<0.001
Score 检验	46.790	1	<0.001
Wald 检验	42.819	1	<0.001

表3-168 模型的参数估计及检验

变量	自由度	参数估计值	标准误	卡方值	p值	风险比	风险比95%置信区间	
							下限	上限
x_{36}	1	-1.081	0.165	42.819	<0.001	0.339	0.245	0.469

表3-169 不同学校性质教师初职持续时间整体比较

检验方法	卡方值	自由度	p值
Log-rank 检验	49.647	1	<0.001
Wilcoxon 检验	66.828	1	<0.001
-2Log(LR)检验	28.264	1	<0.001

表3-170 比例风险检验

时依协变量	卡方值	自由度	p值
$x_{36}*\ln(t\_)$	1.688	1	0.194

模型的拟合优度分析显示(表3-166),引入学校性质变量后,模型的-2LOGL值减少了38.004,AIC值减少了36.004,SBC值减少了32.923,模型的拟合效果显著增加。模型整体显著性检验显示(表3-167),Likelihood Ratio检验、Score检验和Wald检验的p值均小于0.001,表明三种检验都拒绝了总体参数为零的原假设。

回归结果显示(表3-168),学校性质变量偏回归系数为负且通过了1%水平的显著性检验,说明该变量是保护因素,民办学校教师流失风险更高。风险比的点估计值为0.339,即公办学校教师的流失风险是民办学校教师的33.9%。从置信上限来看,前者的风险比至多是后者的46.9%。

对不同学校性质的教师初职持续时间进行Kaplan-Meier估计,结果显示,公办学校教师初职持续时间中位数比民办学校教师多7.5年,采用Log-rank、Wilcoxon和-2Log(LR)进行整体性差异显著性检验,结果显示(表3-169),3种检验统计量的p值均小于0.001,表明不同学校性质的教师初职持续时间中位数差异极显著。

模型的比例风险检验显示(表3-170),学校性质变量与时间交互作用的p值大于0.1,故不拒绝原假设,实证模型满足比例风险假设。

2. 学校地理位置

将农村教师初职持续时间作为被解释变量,城郊学校作为参照,乡镇学校(x_{37})和乡村学校(x_{38})作为解释变量,构建单因素Cox比例风险回归模型。模型的形式为

$$h(t,X) = h_0(t)\exp(\beta_{37}x_{37} + \beta_{38}x_{38}) \quad\quad (式3-35)$$

利用Kaplan-Meier法计算不同组别农村教师初职持续时间平均数、中位数及其95%置信区间,采用Log-rank、Wilcoxon和-2Log(LR)进行整体性差异显著性检验,运用Log-rank检验进行组间两两比较。

SAS软件相关分析结果如表3-171~表3-176所示。

表3-171 模型的拟合优度

标准	未引入解释变量	引入解释变量
-2LOGL	1651.340	1623.626
AIC	1651.340	1625.626
SBC	1651.340	1628.707

表3-172 模型整体显著性检验

检验方法	卡方值	自由度	p值
Likelihood Ratio 检验	27.714	1	<0.001
Score 检验	28.597	1	<0.001
Wald 检验	24.359	1	<0.001

表3-173 模型的参数估计及检验

变量	自由度	参数估计值	标准误	卡方值	p值	风险比	风险比95%置信区间	
							下限	上限
x_{37}	1	0.626	0.204	9.397	0.002	1.871	1.253	2.792
x_{38}	1	1.069	0.206	26.822	<0.001	2.912	1.943	4.364

表3-174 不同学校地理位置教师初职持续时间整体比较

检验方法	卡方值	自由度	p值
Log-rank 检验	30.195	2	<0.001
Wilcoxon 检验	31.946	2	<0.001
-2Log(LR)检验	25.403	2	<0.001

表3-175 不同学校地理位置教师初职持续时间多重比较

	乡镇学校	城郊学校
乡村学校	0.04**	<0.001***
乡镇学校		0.002***

注：*、**、***分别表示10%、5%、1%水平上显著。

表3-176 比例风险检验

时依协变量	卡方值	自由度	p值
$x_{37}*\ln(t\_)$	1.652	1	0.199
$x_{38}*\ln(t\_)$	1.816	1	0.178

模型的拟合优度分析显示(表3-171),引入乡村学校和乡镇学校变量后的模型和引入前相比,-2LOGL值从1651.340下降到1623.626,减少了27.714,AIC值从1651.340下降到1625.626,减少了25.714,SBC值从1651.340下降到1628.707,减少了22.633,表明模型拟合良好。模型整体显著性检验显示(表3-172),模型的Likelihood Ratio检验统计量、Score检验统计量和Wald检验统计量分别为27.714、28.597和24.359,均通过了1%水平的统计检验,因此可以认为方程总体显著。

模型的参数估计及检验显示(表3-173),乡镇学校变量偏回归系数 $\beta_{37}=0.626>0$,为危险因素,增加了发生流失的危险性;相对风险度为1.871,说明在其他条件不变的情况下,与城郊学校教师相比,乡镇学校教师流失风险将增加87.1%;乡村学校变量偏回归系数 $\beta_{38}=1.069>0$,为危险因素,增加了发生流失的危险性;相对风险度为2.912,说明在其他条件不变的情况下,与城郊学校教师相比,乡村学校教师流失风险将增加191.2%。

对不同学校地理位置的教师初职持续时间进行Kaplan-Meier估计,结果显示,乡村学校教师中位持续时间最短,城郊学校教师中位持续时间最长。采用Log-rank、Wilcoxon和-2Log(LR)方法分析三组持续时间的差异,结果显示(表3-174),3个检验统计量的p值均小于0.001,表明不同学校地理位置的教师初职持续时间差异极显著。进一步运用Log-rank检验进行组间两两比较,结果显示(表3-175),乡村学校和乡镇学校两组比较达到5%水平的显著性差异;乡村学校和城郊学校两组比较达到1%水平的显著性差异;乡镇学校和城郊学校两组比较达到1%水平的显著性差异。

模型的比例风险检验显示(表3-176),乡镇学校和乡村学校变量与时间交互作用的p值均大于0.1,故不拒绝原假设,实证模型满足比例风险假设。

3. 学校层次

将农村教师初职持续时间作为被解释变量,普通学校作为参照,县(区)重点(x_{39})和乡镇重点(x_{40})作为解释变量,构建单因素Cox比例风险回归模型。模

型的形式为

$$h(t, X) = h_0(t)\exp(\beta_{39}x_{39} + \beta_{40}x_{40}) \quad (式3\text{-}36)$$

利用 Kaplan-Meier 法计算不同组别农村教师初职持续时间平均数、中位数及其 95%置信区间，采用 Log-rank、Wilcoxon 和-2Log(LR)进行整体性差异显著性检验，运用 Log-rank 检验进行组间两两比较。

SAS 软件相关分析结果如表 3-177～表 3-182 所示。

表3-177 模型的拟合优度

标准	未引入解释变量	引入解释变量
-2LOGL	1637.061	1617.392
AIC	1637.061	1619.392
SBC	1637.061	1622.473

表3-178 模型整体显著性检验

检验方法	卡方值	自由度	p值
Likelihood Ratio 检验	19.669	1	<0.001
Score 检验	20.282	1	<0.001
Wald 检验	17.646	1	<0.001

表3-179 模型的参数估计及检验

变量	自由度	参数估计值	标准误	卡方值	p值	风险比	风险比95%置信区间	
							下限	上限
x_{39}	1	0.486	0.203	5.714	0.017	1.625	1.091	2.420
x_{40}	1	0.893	0.203	19.367	<0.001	2.443	1.641	3.637

表3-180 不同学校层次教师初职持续时间整体比较

检验方法	卡方值	自由度	p值
Log-rank 检验	21.539	2	<0.001
Wilcoxon 检验	21.769	2	<0.001
-2Log(LR)检验	19.392	2	<0.001

表3-181 不同学校层次教师初职持续时间多重比较

	县(区)重点	乡镇重点
普通学校	0.013**	<0.001***
县(区)重点		0.039**

注：*、**、***分别表示10%、5%、1%水平上显著。

表3-182 比例风险检验

时依协变量	卡方值	自由度	p值
$x_{39}*\ln(t\_)$	1.924	1	0.165
$x_{40}*\ln(t\_)$	1.577	1	0.209

模型的拟合优度分析显示(表 3-177)，引入乡镇重点和县(区)重点变量后的模型和引入前相比，-2LOGL 值从 1637.061 下降到 1617.392，减少了 19.669，AIC 值从 1637.061 下降到 1619.392，减少了 17.669，SBC 值从 1637.061 下降到 1622.473，减少了 14.588，表明模型拟合良好。模型整体显著性检验显示(表 3-178)，模型的 Likelihood Ratio 检验统计量、Score 检验统计量和 Wald 检验统计量分别为 19.669、20.282 和 17.646，均通过了 1%水平的统计检验，因此可以认为方程总体显著。

模型的参数估计及检验显示(表 3-179)，县(区)重点变量偏回归系数 $\beta_{39}=0.486>0$，为危险因素，增加了发生流失的危险性；相对风险度为 1.625，说明在其他条件不变的情况下，与普通学校教师相比，县(区)重点教师流失风险将增加 62.5%。乡镇重点变量偏回归系数 $\beta_{40}=0.893>0$，为危险因素，增加了发生流失的危险性；相对风险度为 2.443，说明在其他条件不变的情况下，与普通学校教师相比，乡镇重点教师流失风险将增加 144.3%。

对不同学校层次的教师初职持续时间进行 Kaplan-Meier 估计，结果显示，乡镇重点教师中位持续时间最短，普通学校教师中位持续时间最长。采用 Log-rank、Wilcoxon 和-2Log(LR)方法分析三组持续时间的差异，结果显示(表 3-180)，3 个检验统计量的 p 值均小于 0.001，表明不同学校层次教师的初职持续时间差异极显著。进一步运用 Log-rank 检验进行组间两两比较，结果显示(表 3-181)，普通学校和县(区)重点两组比较达到 5%水平的显著性差异；普通学校和乡镇重点两组比较达到 1%水平的显著性差异；县(区)重点和乡镇重点两组比较达到 5%水平的显著性差异。

模型的比例风险检验显示(表 3-182)，乡镇重点和县(区)重点变量与时间交互作用的 p 值均大于 0.1，故不拒绝原假设，实证模型满足比例风险假设。

4. 学校办学规模

将农村教师初职持续时间作为被解释变量，学校办学规模(x_{41})作为解释变量，构建单因素 Cox 比例风险回归模型。模型的形式为

$$h(t, X) = h_0(t)\exp(\beta_{41}x_{41}) \tag{式3-37}$$

利用 Kaplan-Meier 法计算不同组别农村教师初职持续时间平均数、中位数及其 95%置信区间，采用 Log-rank、Wilcoxon 和-2Log(LR)进行整体性差异显著性检验，运用 Log-rank 检验进行组间两两比较。

SAS 软件相关分析结果如表 3-183～表 3-187 所示。

表3-183　模型的拟合优度

标准	未引入解释变量	引入解释变量
−2LOGL	1654.631	1652.919
AIC	1654.631	1654.919
SBC	1654.631	1657.956

表3-184　模型整体显著性检验

检验方法	卡方值	自由度	p值
Likelihood Ratio 检验	1.711	1	0.191
Score 检验	1.711	1	0.191
Wald 检验	1.704	1	0.192

表3-185　模型的参数估计及检验

变量	自由度	参数估计值	标准误	卡方值	p值	风险比	风险比95%置信区间	
							下限	上限
x_{41}	1	0.127	0.098	1.704	0.192	1.136	0.938	1.375

表3-186　不同学校办学规模教师初职持续时间整体比较

检验方法	卡方值	自由度	p值
Log-rank 检验	2.552	2	0.279

(续表)

检验方法	卡方值	自由度	p值
Wilcoxon 检验	9.431	2	0.009
$-2\text{Log}(LR)$检验	2.104	2	0.349

表3-187　比例风险检验

时依协变量	卡方值	自由度	p值
$x_{41}*\ln(t\_)$	1.592	1	0.207

模型的拟合优度分析显示(表3-183)，引入学校办学规模变量后模型的拟合效果增加并不显著。引入该变量后，模型的-2LOGL值减少了1.712，AIC值增加了0.288，SBC值增加了3.325，模型的拟合效果变化不显著。模型整体显著性检验显示(表3-184)，Likelihood Ratio检验、Score检验和Wald检验的p值均大于0.1，表明三种检验都不能拒绝总体参数为零的原假设。

回归结果显示(表3-185)，学校办学规模变量偏回归系数$\beta_{41}=0.127>0$，表明该变量可以增加教师流失的发生风险，是危险因素，但该变量未通过10%水平的显著性检验，对教师流失影响不显著。

对不同学校办学规模的教师初职持续时间进行Kaplan-Meier估计，结果显示，随着学校办学规模递增，教师初职持续时间中位数呈递减趋势；采用Log-rank、Wilcoxon和-2Log(LR)进行整体性差异显著性检验，结果显示(表3-186)，Log-rank和-2Log(LR)检验统计量的p值均大于0.1，表明不同学校办学规模下教师初职持续时间中位数差异不显著。

模型的比例风险检验显示(表3-187)，学校办学规模变量与时间交互作用的p值大于0.1，故不拒绝原假设，实证模型满足比例风险假设。

5. 学校类别

将农村教师初职持续时间作为被解释变量，学校类别(x_{42})作为解释变量，构建单因素Cox比例风险回归模型。模型的形式为

$$h(t,X) = h_0(t)\exp(\beta_{42}x_{42}) \qquad (式3\text{-}38)$$

利用Kaplan-Meier法计算不同组别农村教师初职持续时间平均数、中位数及其95%置信区间，采用Log-rank、Wilcoxon和-2Log(LR)进行整体性差异显

著性检验,运用 Log-rank 检验进行组间两两比较。

SAS 软件相关分析结果如表 3-188~表 3-192 所示。

表3-188 模型的拟合优度

标准	未引入解释变量	引入解释变量
-2LOGL	1629.238	1627.734
AIC	1629.238	1629.734
SBC	1629.238	1632.815

表3-189 模型整体显著性检验

检验方法	卡方值	自由度	p值
Likelihood Ratio 检验	1.504	1	0.220
Score 检验	1.566	1	0.211
Wald 检验	1.560	1	0.212

表3-190 模型的参数估计及检验

变量	自由度	参数估计值	标准误	卡方值	p值	风险比	风险比95%置信区间	
							下限	上限
x_{42}	1	0.226	0.181	1.560	0.212	1.254	0.879	1.788

表3-191 不同学校类别教师初职持续时间整体比较

检验方法	卡方值	自由度	p值
Log-rank 检验	1.683	1	0.195
Wilcoxon 检验	0.002	1	0.967
-2Log(LR)检验	4.260	1	0.039

表3-192 比例风险检验

时依协变量	卡方值	自由度	p值
$x_{42}*\ln(t\_)$	1.501	1	0.221

模型的拟合优度分析显示(表 3-188),引入学校类别变量后,模型的-2LOGL 值仅减少了 1.504,AIC 值增加了 0.496,SBC 值增加了 3.577,模型的拟合效

果变化不显著。模型整体显著性检验显示(表 3-189)，Likelihood Ratio 检验、Score 检验和 Wald 检验的 p 值均大于 0.1，表明三种检验都不能拒绝总体参数为零的原假设。

回归结果显示(表 3-190)，学校类别变量的偏回归系数为正，是危险因素，但该变量未通过 10%水平的显著性检验，对教师流失影响不显著。

对不同学校类别的教师初职持续时间进行 Kaplan-Meier 估计，结果显示，小学教师初职持续时间中位数比中学教师多 2.1 年，采用 Log-rank、Wilcoxon 和 $-2\text{Log}(LR)$ 进行整体性差异显著性检验，结果显示(表 3-191)，Log-rank 和 Wilcoxon 检验统计量的 p 值均大于 0.1，表明不同学校类别的教师初职持续时间中位数差异不显著。

模型的比例风险检验显示(表 3-192)，学校类别变量与时间交互作用的 p 值大于 0.1，模型符合比例风险假定。

6. 学校所在地的经济发展水平

将农村教师初职持续时间作为被解释变量，学校所在地的经济发展水平(x_{43})作为解释变量，构建单因素 Cox 比例风险回归模型。模型的形式为

$$h(t, X) = h_0(t)\exp(\beta_{43} x_{43}) \tag{式3-39}$$

利用 Kaplan-Meier 法计算不同组别农村教师初职持续时间平均数、中位数及其 95%置信区间，采用 Log-rank、Wilcoxon 和$-2\text{Log}(LR)$进行整体性差异显著性检验，运用 Log-rank 检验进行组间两两比较。

SAS 软件相关分析结果如表 3-193～表 3-197 所示。

表3-193 模型的拟合优度

标准	未引入解释变量	引入解释变量
-2LOGL	1507.233	1505.959
AIC	1507.233	1507.959
SBC	1507.233	1510.894

表3-194 模型整体显著性检验

检验方法	卡方值	自由度	p值
Likelihood Ratio 检验	1.274	1	0.259

(续表)

检验方法	卡方值	自由度	p值
Score 检验	1.271	1	0.260
Wald 检验	1.268	1	0.260

表3-195　模型的参数估计及检验

变量	自由度	参数估计值	标准误	卡方值	p值	风险比	风险比95%置信区间	
							下限	上限
x_{43}	1	−0.118	0.105	1.268	0.260	0.889	0.723	1.091

表3-196　不同学校所在地的经济发展水平持续时间整体比较

检验方法	卡方值	自由度	p值
Log-rank 检验	2.196	2	0.334
Wilcoxon 检验	5.051	2	0.080
−2Log(LR)检验	2.871	2	0.239

表3-197　比例风险检验

时依协变量	卡方值	自由度	p值
$x_{43}*\ln(t\_)$	1.376	1	0.503

模型的拟合优度分析显示(表3-193)，引入学校所在地的经济发展水平变量后模型的拟合效果增加并不显著。引入该变量后，模型的−2LOGL值减少了1.274，AIC值增加了0.726，SBC值增加了3.661，模型的拟合效果变化不显著。表3-194显示，模型的Likelihood Ratio检验统计量、Score检验统计量和Wald检验统计量分别为1.274、1.271和1.268，均未通过10%水平的统计检验，因此可以认为方程总体不显著。

回归结果显示(表3-195)，学校所在地的经济发展水平变量偏回归系数β_{43}=−0.118<0，表明该变量可以减少教师流失的发生风险，是减少教师流失的保护因素，但该变量未通过10%水平的显著性检验，对教师流失影响不显著。

对各组教师初职持续时间进行Kaplan-Meier估计，结果显示，学校所在地的经济发展水平越高，教师初职持续时间中位数越大；采用Log-rank、Wilcoxon和−2Log(LR)进行整体性差异显著性检验，结果显示(表3-196)，Log-rank和

−2Log(LR)检验统计量的 p 值均大于 0.1，表明各组教师初职持续时间中位数差异不显著。

模型的比例风险检验显示(表 3-197)，学校所在地的经济发展水平变量与时间交互作用的 p 值大于 0.1，故不拒绝原假设，实证模型满足比例风险假设。

7. 学校到县城的距离

将农村教师初职持续时间作为被解释变量，学校到县城的距离(x_{44})作为解释变量，构建单因素 Cox 比例风险回归模型。模型的形式为

$$h(t, X) = h_0(t)\exp(\beta_{44} x_{44})$$

(式3-40)

利用 Kaplan-Meier 法计算不同组别农村教师初职持续时间平均数、中位数及其 95%置信区间，采用 Log-rank、Wilcoxon 和−2Log(LR)进行整体性差异显著性检验，运用 Log-rank 检验进行组间两两比较。

SAS 软件相关分析结果如表 3-198～表 3-202 所示。

表3-198 模型的拟合优度

标准	未引入解释变量	引入解释变量
−2LOGL	1705.187	1702.627
AIC	1705.187	1704.627
SBC	1705.187	1707.715

表3-199 模型整体显著性检验

检验方法	卡方值	自由度	p值
Likelihood Ratio 检验	2.560	1	0.110
Score 检验	2.577	1	0.108
Wald 检验	2.568	1	0.109

表3-200 模型的参数估计及检验

变量	自由度	参数估计值	标准误	卡方值	p值	风险比	风险比95%置信区间	
							下限	上限
x_{44}	1	0.113	0.071	2.568	0.109	1.120	0.975	1.287

表3-201　不同学校到县城的距离教师初职持续时间整体比较

检验方法	卡方值	自由度	p值
Log-rank 检验	3.463	3	0.326
Wilcoxon 检验	18.167	3	<0.001
-2Log(LR)检验	0.595	3	0.898

表3-202　比例风险检验

时依协变量	卡方值	自由度	p值
$x_{44}*\ln(t\_)$	1.603	1	0.205

模型的拟合优度分析显示(表 3-198)，引入学校到县城的距离变量后模型的拟合效果增加并不显著。引入该变量后，模型的-2LOGL 值减少了 2.56，AIC 值减少了 0.56，SBC 值增加了 2.528，模型的拟合效果变化不显著。模型整体显著性检验结果(表 3-199)表明，无论是 Likelihood Ratio 检验、Score 检验还是 Wald 检验，p 值均大于 0.1，表明三种检验都不能拒绝总体参数为零的原假设。

回归结果显示(表 3-200)，学校到县城的距离变量偏回归系数 $\beta_{44}=0.113>0$，从系数符号看，表明学校到县城的距离是危险因素，增加了发生流失的危险性，但该变量未通过 10%水平的统计检验，对教师流失影响不显著。

对各组教师初职持续时间进行 Kaplan-Meier 估计，结果显示，随着学校到县城的距离递增，教师初职持续时间中位数呈递减趋势；采用 Log-rank、Wilcoxon 和-2Log(LR)进行整体性差异显著性检验，结果显示(表 3-201)，Log-rank 和-2Log(LR)检验统计量的 p 值均大于 0.1，表明各组教师初职持续时间中位数差异不显著。

模型的比例风险检验显示(表 3-202)，学校到县城的距离变量与时间交互作用的 p 值大于 0.1，故不拒绝原假设，实证模型满足比例风险假设。

3.1.5　工作因素对农村教师初职持续时间的影响

1. 与领导的关系

将农村教师初职持续时间作为被解释变量，与领导的关系(x_{45})作为解释变量，构建单因素 Cox 比例风险回归模型。模型的形式为

$$h(t,X) = h_0(t)\exp(\beta_{45}x_{45})$$ （式3-41）

利用 Kaplan-Meier 法计算不同组别农村教师初职持续时间平均数、中位数及其95%置信区间，采用 Log-rank、Wilcoxon 和-2Log(LR)进行整体性差异显著性检验，运用 Log-rank 检验进行组间两两比较。

SAS 软件相关分析结果如表3-203～表3-208所示。

表3-203 模型的拟合优度

标准	未引入解释变量	引入解释变量
-2LOGL	1731.266	1638.819
AIC	1731.266	1640.819
SBC	1731.266	1643.943

表3-204 模型整体显著性检验

检验方法	卡方值	自由度	p值
Likelihood Ratio 检验	92.448	1	<0.001
Score 检验	99.129	1	<0.001
Wald 检验	89.474	1	<0.001

表3-205 模型的参数估计及检验

变量	自由度	参数估计值	标准误	卡方值	p值	风险比	风险比95%置信区间	
							下限	上限
x_{45}	1	-0.649	0.069	89.474	<0.001	0.522	0.457	0.598

表3-206 与领导的关系持续时间整体比较

检验方法	卡方值	自由度	p值
Log-rank 检验	120.650	4	<0.001
Wilcoxon 检验	110.096	4	<0.001
-2Log(LR)检验	12.008	4	0.017

表3-207 与领导的关系持续时间多重比较

	不太融洽	一般	比较融洽	很融洽
很不融洽	0.355	0.169	<0.001***	<0.001***
不太融洽		0.746	<0.001***	<0.001***

(续表)

	不太融洽	一般	比较融洽	很融洽
一般			<0.001***	<0.001***
比较融洽				0.229

注：*、**、***分别表示10%、5%、1%水平上显著。

表3-208 比例风险检验

时依协变量	卡方值	自由度	p值
$x_{45}*\ln(t\_)$	1.397	1	0.237

模型的拟合优度分析显示(表 3-203)，引入与领导的关系变量后，模型的-2LOGL值减少了92.447，AIC值减少了90.447，SBC值减少了87.323，模型的拟合效果显著增加。模型整体显著性检验显示(表 3-204)，Likelihood Ratio检验、Score检验和Wald检验的p值均小于0.001，表明三种检验都拒绝了总体参数为零的原假设。

回归结果显示(表 3-205)，与领导的关系变量偏回归系数为负且通过了1%水平的显著性检验，说明该变量是保护因素，与领导的关系越融洽，持续时间越长，流失率越低。其相对危险度为0.522，也就是说，与领导的关系每增加一个等级，教师流失风险降低47.8%。

对各组教师初职持续时间进行Kaplan-Meier估计，结果显示，与领导的关系越融洽，中位持续时间越长，其中与领导的关系"很融洽"的教师中位持续时间分别比与领导的关系"比较融洽""一般""不太融洽""很不融洽"的教师高出2.1年、4.6年、5.5年和6.1年。采用Log-rank、Wilcoxon和-2Log(LR)方法进行整体性检验，结果显示(表 3-206)，各组教师初职持续时间中位数差异有统计学意义($p<0.05$)。进一步运用Log-rank检验进行组间两两比较，结果显示(表 3-207)，"很不融洽"与"比较融洽"和"很融洽"比较差异有统计学意义($p<0.001$)；"不太融洽"与"比较融洽"和"很融洽"比较差异有统计学意义($p<0.001$)；"一般"与"比较融洽"和"很融洽"比较差异有统计学意义($p<0.001$)。其他组与组之间的对比p值均大于0.1，差异无统计学意义。

比例风险检验显示(表 3-208)，时依协变量的p值大于0.1，说明满足比例风险的假设条件。

2. 与同事的关系

将农村教师初职持续时间作为被解释变量，与同事的关系(x_{46})作为解释变量，构建单因素Cox比例风险回归模型。模型的形式为

$$h(t,X) = h_0(t)\exp(\beta_{46}x_{46}) \tag{式3-42}$$

利用Kaplan-Meier法计算不同组别农村教师初职持续时间平均数、中位数及其95%置信区间，采用Log-rank、Wilcoxon和-2Log(LR)进行整体性差异显著性检验，运用Log-rank检验进行组间两两比较。

SAS软件相关分析结果如表3-209～表3-213所示。

表3-209　模型的拟合优度

标准	未引入解释变量	引入解释变量
-2LOGL	1771.929	1770.339
AIC	1771.929	1772.339
SBC	1771.929	1775.463

表3-210　模型整体显著性检验

检验方法	卡方值	自由度	p值
Likelihood Ratio 检验	1.591	1	0.207
Score 检验	1.597	1	0.206
Wald 检验	1.594	1	0.207

表3-211　模型的参数估计及检验

变量	自由度	参数估计值	标准误	卡方值	p值	风险比	风险比95%置信区间	
							下限	上限
x_{46}	1	-0.070	0.055	1.594	0.207	0.933	0.837	1.039

表3-212　与同事的关系持续时间整体比较

检验方法	卡方值	自由度	p值
Log-rank 检验	2.445	4	0.655
Wilcoxon 检验	8.952	4	0.062
-2Log(LR)检验	0.088	4	0.999

表3-213　比例风险检验

时依协变量	卡方值	自由度	p值
$x_{46}*\ln(t\_)$	1.669	1	0.196

模型的拟合优度分析显示(表 3-209)，引入与同事的关系变量后，模型的 $-2LOGL$ 值仅减少了 1.59，AIC 值增加了 0.41，SBC 值增加了 3.534，模型的拟合效果变化不显著。模型整体显著性检验显示(表 3-210)，Likelihood Ratio 检验、Score 检验和 Wald 检验的 p 值均大于 0.1，表明三种检验都不能拒绝总体参数为零的原假设。

回归结果显示(表 3-211)，与同事的关系变量偏回归系数为负，是保护因素，但该变量未通过 10%水平的显著性检验，对教师流失影响不显著。

对各组教师初职持续时间进行 Kaplan-Meier 估计，结果显示，与同事的关系越融洽，教师初职持续时间中位数越大；采用 Log-rank、Wilcoxon 和-2Log(LR) 进行整体性差异显著性检验，结果显示(表 3-212)，Log-rank 和-2Log(LR)检验统计量的 p 值均大于 0.1，表明各组教师初职持续时间中位数差异不显著。

模型的比例风险检验显示(表 3-213)，与同事的关系变量与时间交互作用的 p 值大于 0.1，故不拒绝原假设，实证模型满足比例风险假设。

3. 与学生的关系

将农村教师初职持续时间作为被解释变量，与学生的关系(x_{47})作为解释变量，构建单因素 Cox 比例风险回归模型。模型的形式为

$$h(t, X) = h_0(t)\exp(\beta_{47}x_{47}) \tag{式3-43}$$

利用 Kaplan-Meier 法计算不同组别农村教师初职持续时间平均数、中位数及其 95%置信区间，采用 Log-rank、Wilcoxon 和-2Log(LR)进行整体性差异显著性检验，运用 Log-rank 检验进行组间两两比较。

SAS 软件相关分析结果如表 3-214～表 3-218 所示。

表3-214　模型的拟合优度

标准	未引入解释变量	引入解释变量
$-2LOGL$	1746.688	1745.494
AIC	1746.688	1747.494
SBC	1746.688	1750.618

表3-215　模型整体显著性检验

检验方法	卡方值	自由度	p值
Likelihood Ratio 检验	1.194	1	0.275
Score 检验	1.198	1	0.274
Wald 检验	1.196	1	0.274

表3-216　模型的参数估计及检验

变量	自由度	参数估计值	标准误	卡方值	p值	风险比	风险比95%置信区间	
							下限	上限
x_{47}	1	−0.061	0.055	1.196	0.274	0.941	0.844	1.049

表3-217　与学生的关系持续时间整体比较

检验方法	卡方值	自由度	p值
Log-rank 检验	1.945	4	0.746
Wilcoxon 检验	8.188	4	0.085
−2Log(LR)检验	0.084	4	0.999

表3-218　比例风险检验

时依协变量	卡方值	自由度	p值
$x_{47}*\ln(t\_)$	1.715	1	0.190

模型的拟合优度分析显示(表3-214)，引入与学生的关系变量后模型的拟合效果增加并不显著。引入该变量后，模型的−2LOGL值仅减少了1.194，AIC值增加了0.806，SBC值增加了3.93，模型的拟合效果变化不显著。表3-215显示，模型的Likelihood Ratio检验统计量、Score统计量和Wald统计量分别为1.194、1.198和1.196，均未通过10%水平的统计检验，因此可以认为方程总体不显著。

回归结果显示(表3-216)，与学生的关系变量偏回归系数$\beta_{47}=-0.061<0$，表明该变量可以减少教师流失的发生风险，是保护因素，但该变量未通过10%水平的显著性检验，对教师流失影响不显著。

对各组教师初职持续时间进行Kaplan-Meier估计，结果显示，与学生的关系越融洽，教师初职持续时间中位数越大；采用Log-rank、Wilcoxon和−2Log(LR)进行整体性差异显著性检验，结果显示(表3-217)，3个检验统计量的p值均大于 0.05，表明各组教师初职持续时间中位数差异不显著。

模型的比例风险检验显示(表 3-218)，与学生的关系变量与时间交互作用的 p 值大于 0.1，故不拒绝原假设，实证模型满足比例风险假设。

4. 晋升机会

将农村教师初职持续时间作为被解释变量，晋升机会(x_{48})作为解释变量，构建单因素 Cox 比例风险回归模型。模型的形式为

$$h(t, X) = h_0(t)\exp(\beta_{48} x_{48}) \tag{式3-44}$$

利用 Kaplan-Meier 法计算不同组别农村教师初职持续时间平均数、中位数及其 95%置信区间，采用 Log-rank、Wilcoxon 和-2Log(LR)进行整体性差异显著性检验，运用 Log-rank 检验进行组间两两比较。

SAS 软件相关分析结果如表 3-219~表 3-224 所示。

表3-219 模型的拟合优度

标准	未引入解释变量	引入解释变量
-2LOGL	1712.141	1595.894
AIC	1712.141	1597.894
SBC	1712.141	1601.018

表3-220 模型整体显著性检验

检验方法	卡方值	自由度	p值
Likelihood Ratio 检验	116.247	1	<0.001
Score 检验	121.181	1	<0.001
Wald 检验	102.000	1	<0.001

表3-221 模型的参数估计及检验

变量	自由度	参数估计值	标准误	卡方值	p值	风险比	风险比95%置信区间	
							下限	上限
x_{48}	1	-0.785	0.078	102.000	<0.001	0.456	0.392	0.531

表3-222 不同晋升机会教师持续时间整体比较

检验方法	卡方值	自由度	p值
Log-rank 检验	143.284	4	<0.001
Wilcoxon 检验	119.798	4	<0.001
-2Log(LR)检验	17.474	4	0.002

表3-223 不同晋升机会教师初职持续时间多重比较

	比较小	一般	比较大	很大
很小	0.284	0.175	<0.001***	<0.001***
比较小		0.832	<0.001***	<0.001***
一般			<0.001***	<0.001***
比较大				0.005***

注：*、**、***分别表示10%、5%、1%水平上显著。

表3-224 比例风险检验

时依协变量	卡方值	自由度	p值
$x_{48}*\ln(t\_)$	1.461	1	0.227

模型的拟合优度分析显示(表 3-219)，引入晋升机会变量后，模型的-2LOGL值减少了 116.247，AIC 值减少了 114.247，SBC 值减少了 111.123，模型的拟合效果显著增加。模型整体显著性检验显示(表 3-220)，Likelihood Ratio 检验统计量、Score 检验统计量和 Wald 检验统计量分别为 116.247、121.181 和 102.000，对应的显著性水平 p 值均小于 0.001，表明三种检验都拒绝了总体参数为零的原假设。

回归结果显示(表 3-221)，晋升机会变量偏回归系数为负且通过了 1%水平的显著性检验，说明该变量是保护因素，晋升机会越大，持续时间越长，流失率越低。其相对危险度为 0.456，也就是说，晋升机会每增加一个档次，教师流失风险就会降低 54.4%。

对不同晋升机会下教师初职持续时间进行 Kaplan-Meier 估计，结果显示，晋升机会越大，中位持续时间越长，其中晋升机会"很大"的教师中位持续时间分别比晋升机会"比较大""一般""比较小""很小"教师高出 2.8 年、5.9年、6.4 年和 7.1 年。采用 Log-rank、Wilcoxon 和-2Log(LR)方法进行整体性检验，结果显示(表 3-222)，不同晋升机会下教师初职持续时间中位数差异有统计学意义($p<0.01$)。进一步运用 Log-rank 检验进行组间两两比较，结果显示(表 3-223)，晋升机会"很小"与"比较大"和"很大"比较差异有统计学意义($p<0.001$)；"比较小"与"比较大"和"很大"比较差异有统计学意义($p<0.001$)；"一般"与"比较大"和"很大"比较差异有统计学意义($p<0.001$)；"比较大"与"很大"比较差异有统计学意义($p<0.001$)。其他组与组之间的对比 p 值均大于 0.1，差异无统计学意义。

模型的比例风险检验显示(表 3-224)，晋升机会变量与时间交互作用的 p 值大于 0.1，故不拒绝原假设，实证模型满足比例风险假设。

3.1.6 社会因素对农村教师初职持续时间的影响

1. 社会压力

将农村教师初职持续时间作为被解释变量，社会压力(x_{49})作为解释变量，构建单因素 Cox 比例风险回归模型。模型的形式为

$$h(t,X) = h_0(t)\exp(\beta_{49}x_{49}) \tag{式3-45}$$

利用 Kaplan-Meier 法计算不同组别农村教师初职持续时间平均数、中位数及其 95%置信区间，采用 Log-rank、Wilcoxon 和-2Log(LR)进行整体性差异显著性检验，运用 Log-rank 检验进行组间两两比较。

SAS 软件相关分析结果如表 3-225～表 3-230 所示。

表3-225 模型的拟合优度

标准	未引入解释变量	引入解释变量
-2LOGL	1733.263	1651.287
AIC	1733.263	1653.287
SBC	1733.263	1656.411

表3-226 模型整体显著性检验

检验方法	卡方值	自由度	p值
Likelihood Ratio 检验	81.976	1	<0.001
Score 检验	87.233	1	<0.001
Wald 检验	80.941	1	<0.001

表3-227　模型的参数估计及检验

变量	自由度	参数估计值	标准误	卡方值	p值	风险比	风险比95%置信区间	
							下限	上限
x_{49}	1	0.606	0.067	80.941	<0.001	1.833	1.607	2.092

表3-228　不同社会压力教师初职持续时间整体比较

检验方法	卡方值	自由度	p值
Log-rank 检验	125.792	4	<0.001
Wilcoxon 检验	143.436	4	<0.001
−2Log(LR)检验	15.256	4	0.004

表3-229　不同社会压力教师初职持续时间多重比较

	比较小	一般	比较大	很大
很小	0.167	0.006***	<0.001***	<0.001***
比较小		0.028**	<0.001***	<0.001***
一般			0.017**	<0.001***
比较大				0.001***

注：*、**、***分别表示10%、5%、1%水平上显著。

表3-230　比例风险检验

时依协变量	卡方值	自由度	p值
$x_{49}*\ln(t\_)$	1.488	1	0.223

表3-225显示，模型具有较好的拟合优度，引入社会压力变量后，模型的−2LOGL值减少了81.976，AIC值减少了79.976，SBC值减少了76.852，模型的拟合效果显著增加。表3-226显示，模型的Likelihood Ratio检验统计量、Score检验统计量和Wald检验统计量分别为81.976、87.233和80.941，均通过了1%水平的统计检验，因此可以认为方程总体显著。

回归结果显示(表3-227)，社会压力变量偏回归系数为正且通过了1%水平的显著性检验，说明该变量是危险因素，社会压力越大，持续时间越短，流失率越高。其相对危险度为1.833，也就是说，社会压力每增加一个级别，教师流失风险增加83.3%。从置信下限来看，流失风险至少增加60.7%。

对不同社会压力下教师初职持续时间进行 Kaplan-Meier 估计，结果显示教师社会压力越小，中位持续时间越长，其中社会压力"很小"的教师中位持续时间分别比"比较小""一般""比较大""很大"教师高出 2.1 年、4.3 年、5.1 年和 6.2 年。采用 Log-rank、Wilcoxon 和-2Log(LR)方法进行整体性检验，结果显示(表 3-228)，不同社会压力下的教师初职持续时间中位数差异有统计学意义($p<0.01$)。进一步运用 Log-rank 检验进行组间两两比较，结果显示(表 3-229)，社会压力"很小"与"一般""比较大"和"很大"比较差异有统计学意义($p<0.01$)；"比较小"与"一般""比较大"和"很大"比较差异有统计学意义($p<0.05$)；"一般"与"比较大""很大"比较差异有统计学意义($p<0.05$)；"比较大"与"很大"比较差异有统计学意义($p<0.01$)。其他组与组之间的对比 p 值均大于 0.1，差异无统计学意义。

模型的比例风险检验显示(表 3-230)，社会压力变量与时间交互作用的 p 值大于 0.1，故不拒绝原假设，实证模型满足比例风险假设。

2. 所任职学校的教师职业流动情况

将农村教师初职持续时间作为被解释变量，所任职学校的教师职业流动情况(x_{50})作为解释变量，构建单因素 Cox 比例风险回归模型。模型的形式为

$$h(t, X) = h_0(t) \exp(\beta_{50} x_{50}) \tag{式3-46}$$

利用 Kaplan-Meier 法计算不同组别农村教师初职持续时间平均数、中位数及其 95%置信区间，采用 Log-rank、Wilcoxon 和-2Log(LR)进行整体性差异显著性检验，运用 Log-rank 检验进行组间两两比较。

SAS 软件相关分析结果如表 3-231～表 3-236 所示。

表3-231 模型的拟合优度

标准	未引入解释变量	引入解释变量
-2LOGL	1749.590	1651.088
AIC	1749.590	1653.088
SBC	1749.590	1656.212

表3-232 模型整体显著性检验

检验方法	卡方值	自由度	p值
Likelihood Ratio 检验	98.502	1	<0.001

(续表)

检验方法	卡方值	自由度	p值
Score 检验	98.829	1	<0.001
Wald 检验	88.473	1	<0.001

表3-233　模型的参数估计及检验

变量	自由度	参数估计值	标准误	卡方值	p值	风险比	风险比95%置信区间	
							下限	上限
x_{50}	1	0.754	0.080	88.473	<0.001	2.125	1.816	2.487

表3-234　所任职学校的教师职业流动情况持续时间整体比较

检验方法	卡方值	自由度	p值
Log-rank 检验	218.644	4	<0.001
Wilcoxon 检验	210.967	4	<0.001
-2Log(LR)检验	12.846	4	0.012

表3-235　所任职学校的教师职业流动情况持续时间多重比较

	比较少	一般	比较多	很多
很少	0.163	0.127	<0.001***	<0.001***
比较少		0.468	<0.001***	<0.001***
一般			<0.001***	<0.001***
比较多				<0.001***

注：*、**、***分别表示10%、5%、1%水平上显著。

表3-236　比例风险检验

时依协变量	卡方值	自由度	p值
$x_{50}*\ln(t\_)$	1.577	1	0.209

表 3-231 显示，引入所任职学校的教师职业流动情况变量后的模型和引入前相比，-2LOGL 值从 1749.590 下降到 1651.088，减少了 98.502，AIC 值从 1749.590 下降到 1653.088，减少了 96.502，SBC 值从 1749.590 下降到 1656.212，减少了 93.378，表明模型拟合良好。模型整体显著性检验显示(表 3-232)，Likelihood Ratio

检验统计量、Score 检验统计量和 Wald 检验统计量分别为 98.502、98.829 和 88.473，对应的显著性水平 p 值均小于 0.001，表明三种检验都拒绝了总体参数为零的原假设。

回归结果显示(表 3-233)，所任职学校的教师职业流动情况变量偏回归系数为正且通过了 1%水平的显著性检验，说明该变量是危险因素，所任职学校的教师职业流动情况越多，持续时间越短，流失率越高。其相对危险度为 2.125，也就是说，所任职学校的教师职业流动情况每增加一个等级，教师流失风险增加 112.5%。从置信下限来看，流失风险至少增加 81.6%。

对各组教师初职持续时间进行 Kaplan-Meier 估计，结果显示，随着所任职学校教师职业流动情况的增加，初职持续时间中位数越短，两者呈负相关关系。所任职学校教师职业流动情况"很少"的教师中位持续时间分别比"比较少""一般""比较多""很多"教师高出 3.3 年、4.1 年、6.4 年和 7.2 年。采用 Log-rank、Wilcoxon 和-2Log(LR)方法进行整体性检验，结果显示(表 3-234)，各组教师初职持续时间中位数差异有统计学意义($p<0.001$)。进一步运用 Log-rank 检验进行组间两两比较，结果显示(表 3-235)，"很少"与"比较多"和"很多"比较差异有统计学意义($p<0.001$)；"比较少"与"比较多"和"很多"比较差异有统计学意义($p<0.001$)；"一般"与"比较多"和"很多"比较差异有统计学意义($p<0.001$)；"比较多"与"很多"比较差异有统计学意义($p<0.001$)。其他组与组之间的对比 p 值均大于 0.1，差异无统计学意义。

模型的比例风险检验显示(表 3-236)，所任职学校的教师职业流动情况变量与时间交互作用的 p 值大于 0.1，故不拒绝原假设，实证模型满足比例风险假设。

3. 职业价值认同

将农村教师初职持续时间作为被解释变量，职业价值认同(x_{51})作为解释变量，构建单因素 Cox 比例风险回归模型。模型的形式为

$$h(t,X) = h_0(t)\exp(\beta_{51}x_{51}) \tag{式3-47}$$

利用 Kaplan-Meier 法计算不同组别农村教师初职持续时间平均数、中位数及其 95%置信区间，采用 Log-rank、Wilcoxon 和-2Log(LR)进行整体性差异显著性检验，运用 Log-rank 检验进行组间两两比较。

SAS 软件相关分析结果如表 3-237～表 3-241 所示。

表3-237 模型的拟合优度

标准	未引入解释变量	引入解释变量
-2LOGL	1773.666	1771.793
AIC	1773.666	1773.793
SBC	1773.666	1776.917

表3-238 模型整体显著性检验

检验方法	卡方值	自由度	p值
Likelihood Ratio 检验	1.874	1	0.171
Score 检验	1.882	1	0.170
Wald 检验	1.878	1	0.171

表3-239 模型的参数估计及检验

变量	自由度	参数估计值	标准误	卡方值	p值	风险比	风险比95%置信区间	
							下限	上限
x_{51}	1	-0.076	0.056	1.878	0.171	0.927	0.831	1.033

表3-240 不同职业价值认同教师初职持续时间整体比较

检验方法	卡方值	自由度	p值
Log-rank 检验	2.784	4	0.595
Wilcoxon 检验	10.306	4	0.036
-2Log(LR)检验	0.079	4	0.999

表3-241 比例风险检验

时依协变量	卡方值	自由度	p值
$x_{51}*\ln(t\_)$	1.824	1	0.177

模型的拟合优度分析显示(表3-237)，引入职业价值认同变量后模型的拟合效果增加不显著。引入该变量后，模型的-2LOGL值仅减少了1.873，AIC值增加了0.127，SBC值增加了3.251，模型的拟合效果变化不显著。模型整体显著性检验显示(表3-238)，无论是 Likelihood Ratio 检验、Score 检验还是 Wald 检验，p 值均大于 0.1，表明三种检验都无法拒绝总体参数为零的原假设，模型整体

不显著。

回归结果显示(表 3-239)，职业价值认同变量偏回归系数为负，是保护因素，但该变量未通过 10%水平的显著性检验，对教师流失影响不显著。

对不同职业价值认同的教师初职持续时间进行 Kaplan-Meier 估计，结果显示，职业价值认同与农村教师初职持续时间呈正相关，教师对职业价值越认同，教师初职持续时间中位数越大；采用 Log-rank、Wilcoxon 和-2Log(LR)进行整体性差异显著性检验，结果显示(表 3-240)，Log-rank 和-2Log(LR)检验统计量的 p 值均大于 0.1，表明不同职业价值认同的教师初职持续时间中位数差异不显著。

模型的比例风险检验显示(表 3-241)，职业价值认同变量与时间交互作用的 p 值大于 0.1，故不拒绝原假设，实证模型满足比例风险假设。

4. 教师对自身职业社会地位的评价

将农村教师初职持续时间作为被解释变量，教师对自身职业社会地位的评价(x_{52})作为解释变量，构建单因素 Cox 比例风险回归模型。模型的形式为

$$h(t, X) = h_0(t) \exp(\beta_{52} x_{52}) \tag{式3-48}$$

利用 Kaplan-Meier 法计算不同组别农村教师初职持续时间平均数、中位数及其 95%置信区间，采用 Log-rank、Wilcoxon 和-2Log(LR)进行整体性差异显著性检验，运用 Log-rank 检验进行组间两两比较。

SAS 软件相关分析结果如表 3-242～表 3-246 所示。

表3-242 模型的拟合优度

标准	未引入解释变量	引入解释变量
-2LOGL	1756.025	1754.533
AIC	1756.025	1756.533
SBC	1756.025	1759.657

表3-243 模型整体显著性检验

检验方法	卡方值	自由度	p值
Likelihood Ratio 检验	1.491	1	0.222
Score 检验	1.498	1	0.221
Wald 检验	1.495	1	0.222

表3-244　模型的参数估计及检验

变量	自由度	参数估计值	标准误	卡方值	p值	风险比	风险比95%置信区间	
							下限	上限
x_{52}	1	−0.068	0.056	1.495	0.222	0.934	0.838	1.042

表3-245　不同教师对自身职业社会地位的评价持续时间整体比较

检验方法	卡方值	自由度	p值
Log-rank 检验	2.295	4	0.682
Wilcoxon 检验	8.467	4	0.076
−2Log(LR)检验	0.063	4	0.999

表3-246　比例风险检验

时依协变量	卡方值	自由度	p值
$x_{52}*\ln(t\_)$	1.437	1	0.231

模型的拟合优度分析显示(表 3-242)，引入教师对自身职业社会地位的评价变量后模型的拟合效果增加并不显著。引入该变量后，模型的-2LOGL 值仅减少了 1.492，AIC 值增加了 0.508，SBC 值增加了 3.632，模型的拟合效果增加不显著。表 3-243 显示，模型的 Likelihood Ratio 检验统计量、Score 检验统计量和 Wald 检验统计量分别为 1.491、1.498 和 1.495，均未通过 10%水平的统计检验，因此可以认为方程总体不显著。

回归结果显示(表 3-244)，教师对自身职业社会地位的评价变量偏回归系数 β_{52}=−0.068<0，表明该变量可以减少教师流失的发生风险，是减少教师流失的保护因素，但该变量未通过 10%水平的显著性检验，对教师流失影响不显著。

对各组教师初职持续时间进行 Kaplan-Meier 估计，结果显示，教师对自身职业社会地位的评价越高，教师初职持续时间中位数越大；采用 Log-rank、Wilcoxon 和−2Log(LR)进行整体性差异显著性检验，结果显示(表 3-245)，Log-rank 和−2Log(LR)检验统计量的 p 值均大于 0.1，表明各组教师初职持续时间中位数差异不显著。

模型的比例风险检验显示(表 3-246)，教师对自身职业社会地位的评价变量与时间交互作用的 p 值大于 0.1，故不拒绝原假设，实证模型满足比例风险假设。

5. 城乡教师待遇差距

将农村教师初职持续时间作为被解释变量，城乡没多大区别作为参照，城市教师待遇高很多(x_{53})和城市教师待遇稍微低些(x_{54})作为解释变量，构建单因素 Cox 比例风险回归模型。模型的形式为

$$h(t, X) = h_0(t) \exp(\beta_{53} x_{53} + \beta_{54} x_{54}) \tag{式3-49}$$

利用 Kaplan-Meier 法计算不同组别农村教师初职持续时间平均数、中位数及其 95%置信区间，采用 Log-rank、Wilcoxon 和-2Log(LR)进行整体性差异显著性检验，运用 Log-rank 检验进行组间两两比较。

SAS 软件相关分析结果如表 3-247～表 3-252 所示。

表3-247　模型的拟合优度

标准	未引入解释变量	引入解释变量
-2LOGL	1623.657	1606.903
AIC	1623.657	1608.903
SBC	1623.657	1611.984

表3-248　模型整体显著性检验

检验方法	卡方值	自由度	p值
Likelihood Ratio 检验	16.754	1	<0.001
Score 检验	18.738	1	<0.001
Wald 检验	17.984	1	<0.001

表3-249　模型的参数估计及检验

变量	自由度	参数估计值	标准误	卡方值	p值	风险比	风险比95%置信区间	
							下限	上限
x_{53}	1	0.663	0.206	10.515	0.001	1.951	1.303	2.921
x_{54}	1	-0.133	0.202	0.433	0.511	0.876	0.589	1.301

表3-250　不同城乡教师待遇差距教师初职持续时间整体比较

检验方法	卡方值	自由度	p值
Log-rank 检验	19.692	2	<0.001

(续表)

检验方法	卡方值	自由度	p值
Wilcoxon 检验	13.766	2	<0.001
-2Log(LR)检验	15.672	2	<0.001

表3-251　不同城乡教师待遇差距教师初职持续时间多重比较

	城乡没多大区别	城市教师待遇稍微低些
城市教师待遇高很多	0.001***	<0.001***
城乡没多大区别		0.539

注：*、**、***分别表示10%、5%、1%水平上显著。

表3-252　比例风险检验

时依协变量	卡方值	自由度	p值
$x_{53}*\ln(t\_)$	1.723	1	0.189
$x_{54}*\ln(t\_)$	1.319	1	0.251

表 3-247 显示，引入城乡教师待遇差距变量后的模型和引入前相比，-2LOGL 值从 1623.657 下降到 1606.903，减少了 16.754，AIC 值从 1623.657 下降到 1608.903，减少了 14.754，SBC 值从 1623.657 下降到 1611.984，减少了 11.673，表明模型拟合良好。模型整体显著性检验显示(表 3-248)，Likelihood Ratio 检验统计量、Score 检验统计量和 Wald 检验统计量分别为 16.754、18.738 和 17.984，对应的显著性水平 p 值均小于 0.001，表明三种检验都拒绝了总体参数为零的原假设。

模型的参数估计及检验显示(表 3-249)，城市教师待遇高很多变量偏回归系数 β_{53}=0.668>0，为危险因素，增加了发生流失的危险性；相对风险度为 1.951，说明在其他条件不变的情况下，与认为城乡没多大区别相比，认为城市教师待遇高很多的教师流失风险将增加 95.1%；城市教师待遇稍微低些变量偏回归系数 β_{54}=-0.133<0，表明该变量可以减少教师流失的发生风险，是减少教师流失的保护因素，但该变量未通过 10%水平的显著性检验，对教师流失影响不显著。

对不同城乡教师待遇差距的教师初职持续时间进行 Kaplan-Meier 估计，结果显示，城市教师待遇高很多的中位持续时间最短，城市教师待遇稍微低些中位持续时间最长。采用 Log-rank、Wilcoxon 和-2Log(LR)方法分析三组持续时间的差异，结果显示(表 3-250)，3 个检验统计量的 p 值均小于 0.001，表明不同城乡教师待遇差距的教师初职持续时间差异显著。进一步运用 Log-rank 检验进行组间两两比较，结果显示(表 3-251)，城市教师待遇高很多和城乡没多大区别两组比较达到 1%水平的显著性差异；城市教师待遇高很多和城市教师待遇稍微低些两组比较达到 1%水平的显著性差异；城乡没多大区别和城市教师待遇稍微低些两组比较差异不显著。

模型的比例风险检验显示(表 3-252)，城市教师待遇高很多和城市教师待遇稍微低些变量与时间交互作用的 p 值均大于 0.1，故不拒绝原假设，实证模型满足比例风险假设。

6. 不同行业待遇差距

将农村教师初职持续时间作为被解释变量，不同行业待遇差距差不多作为参照，教师收入水平低于本地其他行业同条件人员(x_{55})和教师收入水平高于本地其他行业同条件人员(x_{56})作为解释变量，构建单因素 Cox 比例风险回归模型。模型的形式为

$$h(t, X) = h_0(t) \exp(\beta_{55} x_{55} + \beta_{56} x_{56}) \tag{式3-50}$$

利用 Kaplan-Meier 法计算不同组别农村教师初职持续时间平均数、中位数及其 95%置信区间，采用 Log-rank、Wilcoxon 和-2Log(LR)进行整体性差异显著性检验，运用 Log-rank 检验进行组间两两比较。

SAS 软件相关分析结果如表 3-253～表 3-258 所示。

表3-253 模型的拟合优度

标准	未引入解释变量	引入解释变量
-2LOGL	1594.510	1552.936
AIC	1594.510	1554.936
SBC	1594.510	1558.017

表3-254 模型整体显著性检验

检验方法	卡方值	自由度	p值
Likelihood Ratio 检验	41.574	1	<0.001
Score 检验	45.151	1	<0.001
Wald 检验	41.694	1	<0.001

表3-255　模型的参数估计及检验

变量	自由度	参数估计值	标准误	卡方值	p值	风险比	风险比95%置信区间	
							下限	上限
x_{55}	1	0.626	0.205	9.314	0.002	1.870	1.251	2.796
x_{56}	1	-0.759	0.213	12.699	<0.001	0.468	0.308	0.711

表3-256　不同行业待遇差距教师初职持续时间整体比较

检验方法	卡方值	自由度	p值
Log-rank 检验	47.233	2	<0.001
Wilcoxon 检验	42.262	2	<0.001
-2Log(LR)检验	40.317	2	<0.001

表3-257　不同行业待遇差距教师初职持续时间多重比较

	差不多	教师收入水平低于本地其他行业同条件人员
教师收入水平高于本地其他行业同条件人员	<0.001***	<0.001***
差不多		0.004***

注：*、**、***分别表示10%、5%、1%水平上显著。

表3-258　比例风险检验

时依协变量	卡方值	自由度	p值
$x_{55}*\ln(t\_)$	1.552	1	0.213
$x_{56}*\ln(t\_)$	1.739	1	0.187

模型的拟合优度分析显示(表3-253)，引入教师收入水平低于本地其他行业同条件人员和教师收入水平高于本地其他行业同条件人员变量后的模型和引入前相比，-2LOGL值从1594.510下降到1552.936，减少了41.574，AIC值从1594.510下降到1554.936，减少了39.574，SBC值从1594.510下降到1558.017，减少了36.493，表明模型拟合良好。模型整体显著性检验显示(表3-254)，模型的Likelihood Ratio检验统计量、Score检验统计量和Wald检验统计量分别为41.574、45.151和41.694，均通过了1%水平的统计检验，因此可以认为方程总体显著。

模型的参数估计及检验显示(表 3-255)，教师收入水平低于本地其他行业同条件人员变量偏回归系数 β_{55}=0.626>0，为危险因素，增加了发生流失的危险性；相对风险度为 1.870，说明在其他条件不变的情况下，与不同行业待遇差距差不多教师相比，教师收入水平低于本地其他行业同条件人员时，教师流失风险将增加 87%。教师收入水平高于本地其他行业同条件人员变量偏回归系数 β_{56}=-0.759<0，为保护因素，降低了发生流失的危险性；相对风险度为 0.468，说明在其他条件不变的情况下，与不同行业待遇差距差不多教师相比，教师收入水平高于本地其他行业同条件人员时，教师流失风险将减少 53.2%。

对不同行业待遇差距的教师初职持续时间进行 Kaplan-Meier 估计，结果显示，教师收入水平高于本地其他行业同条件人员时，教师中位持续时间最长，教师收入水平低于本地其他行业同条件人员时，教师中位持续时间最短。采用 Log-rank、Wilcoxon 和-2Log(LR)方法分析三组持续时间的差异，结果显示(表 3-256)，3 个检验统计量的 p 值均小于 0.001，表明不同行业待遇差距下的教师初职持续时间差异极显著。进一步运用 Log-rank 检验进行组间两两比较，结果显示(表 3-257)，各组间差异在 0.01 显著性水平下具有统计学意义。

模型的比例风险检验显示(表 3-258)，教师收入水平低于本地其他行业同条件人员和教师收入水平高于本地其他行业同条件人员变量与时间交互作用的 p 值均大于 0.1，故不拒绝原假设，实证模型满足比例风险假设。

3.1.7 地区因素对农村教师初职持续时间的影响

将农村教师初职持续时间作为被解释变量，地区(x_{57})作为解释变量，构建单因素 Cox 比例风险回归模型。模型的形式为

$$h(t,X) = h_0(t)\exp(\beta_{57}x_{57}) \tag{式3-51}$$

利用 Kaplan-Meier 法计算不同组别农村教师初职持续时间平均数、中位数及其 95%置信区间，采用 Log-rank、Wilcoxon 和-2Log(LR)进行整体性差异显著性检验，运用 Log-rank 检验进行组间两两比较。

SAS 软件相关分析结果如表 3-259～表 3-263 所示。

表3-259　模型的拟合优度

标准	未引入解释变量	引入解释变量
-2LOGL	1708.484	1666.201

(续表)

标准	未引入解释变量	引入解释变量
AIC	1708.484	1668.201
SBC	1708.484	1671.283

表3-260 模型整体显著性检验

检验方法	卡方值	自由度	p值
Likelihood Ratio 检验	42.283	1	<0.001
Score 检验	53.407	1	<0.001
Wald 检验	48.178	1	<0.001

表3-261 模型的参数估计及检验

变量	自由度	参数估计值	标准误	卡方值	p值	风险比	风险比95%置信区间	
							下限	上限
x_{57}	1	−1.148	0.165	48.178	<0.001	0.317	0.230	0.439

表3-262 不同地区教师初职持续时间整体比较

检验方法	卡方值	自由度	p值
Log-rank 检验	56.819	1	<0.001
Wilcoxon 检验	78.414	1	<0.001
−2Log(LR)检验	29.693	1	<0.001

表3-263 比例风险检验

时依协变量	卡方值	自由度	p值
$x_{57}*\ln(t\_)$	1.389	1	0.239

模型的拟合优度分析显示(表 3-259)，引入地区变量后，模型的−2LOGL 值减少了 42.283，AIC 值减少了 40.283，SBC 值减少了 37.201，模型的拟合效果显著增加。模型整体显著性检验显示(表 3-260)，Likelihood Ratio 检验统计量、Score 检验统计量和 Wald 检验统计量分别为 42.283、53.407 和 48.178，对应的显著性水平 p 值均小于 0.001，表明三种检验都拒绝了总体参数为零的原假设。

模型的参数估计及检验显示(表 3-261)，福建地区变量偏回归系数 β_{57}=−1.148<0，

为保护因素，减少了发生流失的危险性；相对风险度为 0.317，说明在其他条件不变的情况下，福建教师的流失风险是江西教师的 31.7%。从置信上限来看，前者的风险比至多是后者的 43.9%。

对不同地区的教师初职持续时间进行 Kaplan-Meier 估计，结果显示，福建地区教师初职持续时间中位数比江西地区教师多 4.1 年。采用 Log-rank、Wilcoxon 和-2Log(LR)进行整体性差异显著性检验，结果显示(表 3-262)，3 个检验统计量的 p 值均小于 0.001，表明不同地区的教师初职持续时间中位数差异极显著。

模型的比例风险检验显示(表 3-263)，地区变量与时间交互作用的 p 值大于 0.1，故不拒绝原假设，实证模型满足比例风险假设。

3.2 农村教师初职持续时间多因素Cox比例风险回归分析

本节将单因素 Cox 比例风险回归分析和 Kaplan-Meier 分析中差异有统计学意义的变量作为解释变量，以初职持续时间作为被解释变量，采取多因素 Cox 比例风险回归模型进行实证分析。

3.2.1 变量选取

1. 被解释变量

被解释变量为农村教师初职持续时间，分为两种情况：

情况一，对于发生过职业流动的教师，以初职的开始时间为起点，结束时间为终点，计算初职的持续时间。

情况二，对于未发生过职业流动的教师，即直到调查的截止时间(2023 年 4 月)仍没有发生过职业流动的教师，被视为右删失样本。

2. 解释变量

将单因素 Cox 比例风险回归分析中差异有统计学意义的性别、年龄、文化程度、职称、个人月收入、配偶工作地点、子女就学状况、学校性质、与领导的关系、社会压力、地区等变量作为解释变量，以初职持续时间作为被解释变量，采取多因素 Cox 比例风险回归模型进行分析。

3.2.2　模型估计结果

根据构建的模型，采用 SAS 统计软件进行多因素 Cox 比例风险回归模型估计(估计结果如表 3-264 所示)，其中，模型Ⅰ是将单因素分析中显著的各解释变量引入回归方程后的结果，模型Ⅱ是运用后退法进行逐步回归后的结果。模型Ⅱ显示性别、年龄、文化程度等解释变量被纳入模型中，对被解释变量具有显著影响，而婚姻状况、职称、是否担任班主任等解释变量则被剔除，对被解释变量影响不显著。

模型Ⅱ的拟合优度分析显示(表 3-265)，引入性别等变量后的模型和引入前相比，-2LOGL 值从 1674.887 下降到 1626.967，减少了 47.920，AIC 值从 1674.887 下降到 1632.967，减少了 41.920，SBC 值从 1674.887 下降到 1642.212，减少了 32.675，表明模型拟合良好。

模型Ⅱ整体显著性检验显示(表 3-266)，Likelihood Ratio 统计量、Score 统计量和 Wald 统计量分别为 47.920、45.451 和 41.559，对应的显著性水平 p 值均小于 0.001，表明三种检验都拒绝了总体参数为零的原假设。

模型的比例风险检验显示，各变量与时间交互作用的 p 值均大于 0.1，实证模型满足比例风险假设。

表3-264　农村教师初职持续时间多因素Cox比例风险模型回归结果

变量名称	模型Ⅰ			模型Ⅱ		
	参数估计值	卡方值	风险比	参数估计值	卡方值	风险比
常数项	1.029**	3.884	2.798	1.137**	4.016	3.117
个体因素						
性别	0.537**	5.347	1.711	0.619**	5.176	1.857
年龄	-0.682***	18.622	0.506	-0.715***	19.315	0.489
婚姻状况	-0.403*	3.426	0.668	—	—	—
大专文化程度(以大专以下文化程度作为参照)	0.524*	3.747	1.689	0.589**	3.928	1.802

(续表)

变量名称	模型 I			模型 II		
	参数估计值	卡方值	风险比	参数估计值	卡方值	风险比
本科及以上文化程度(以大专以下文化程度作为参照)	0.903**	5.036	2.467	0.839**	5.148	2.314
中级职称(以初级职称作为参照)	0.327*	3.521	1.387	—	—	—
高级职称(以初级职称作为参照)	−0.203*	3.339	0.816	—	—	—
是否担任班主任	0.406**	6.374	1.501			
任教学科	0.845**	4.063	2.328	0.785*	3.792	2.192
个人月收入	−0.761**	6.548	0.467	−0.837***	7.026	0.433
是否有编制	−1.633**	6.507	0.195	−1.549**	6.322	0.212
中层干部(以一般教师作为参照)	0.316**	4.935	1.372			
教研组长(以一般教师作为参照)	0.882**	6.363	2.416	0.807**	6.194	2.241
校级领导(以一般教师作为参照)	−0.113	2.564	0.893			
教师来源地	−1.126**	4.033	0.324	—	—	—
是否为骨干教师	0.802**	6.522	2.230	0.826***	6.836	2.284
承担科研项目级别	0.295**	4.407	1.343	—	—	—
任教岗位	0.705***	6.847	2.024	0.631**	6.591	1.879
是否为支教教师	0.421**	5.926	1.523			
家庭因素						
配偶工作地点	−1.233***	11.271	0.291	−1.346***	12.385	0.260
家庭年收入	−0.474**	4.365	0.623	—	—	—
子女就学状况	−0.563***	6.825	0.569	−0.625**	6.609	0.535
家庭关系	−0.508**	5.824	0.602			
学校因素						
学校性质	−1.276***	13.735	0.279	−1.307***	12.694	0.271

(续表)

变量名称	模型 I			模型 II		
	参数估计值	卡方值	风险比	参数估计值	卡方值	风险比
学校地理位置：乡镇(以城郊为参照)	0.718***	9.634	2.050	0.643***	10.248	1.902
学校地理位置：乡村(以城郊为参照)	0.927**	6.145	2.527	0.842**	5.937	2.321
学校层次：县(区)重点(以普通学校为参照)	0.454*	3.735	1.575	—	—	—
学校层次：乡镇重点(以普通学校为参照)	0.411**	5.646	1.508	—	—	—
工作因素						
与领导的关系	−0.819**	6.557	0.441	−0.737***	6.813	0.479
晋升机会	−1.064***	12.744	0.345	−0.926***	11.068	0.396
社会因素						
社会压力	0.625**	4.966	1.868	0.594**	5.126	1.811
所任职学校的教师职业流动情况	0.766***	13.044	2.151	0.803***	14.162	2.232
城市教师待遇高很多(以城乡没多大区别作为参照)	0.638**	5.684	1.893	0.583**	5.836	1.791
城市教师待遇稍微低些(以城乡没多大区别作为参照)	−0.165	2.577	0.848	—	—	—
教师收入水平低于本地其他行业同条件人员(以不同行业待遇差距差不多作为参照)	0.328**	4.176	1.388	—	—	—
教师收入水平高于本地其他行业同条件人员(以不同行业待遇差距差不多作为参照)	−0.207	2.268	0.813	—	—	—
地区因素						
福建(以江西为参照)	−1.097**	5.047	0.334	−0.983**	4.845	0.374

注：*、**、***分别表示在10%、5%、1%统计水平上显著。

表3-265　模型Ⅱ的拟合优度

标准	未引入解释变量	引入解释变量
-2LOGL	1674.887	1626.967
AIC	1674.887	1632.967
SBC	1674.887	1642.212

表3-266　模型Ⅱ整体显著性检验

检验方法	卡方值	自由度	p值
Likelihood Ratio 检验	47.920	1	<0.001
Score 检验	45.451	1	<0.001
Wald 检验	41.559	1	<0.001

3.2.3　结果分析

1. 个体因素

在模型Ⅱ中，性别变量偏回归系数为0.619，在5%统计水平上对农村教师流失风险呈显著的正向影响，即男教师的流失风险更高。该变量的风险比为1.857，意味着在其他条件不变的情况下，男教师流失的风险是女教师的 1.857 倍，即高出了 85.7%。这可能是因为，男教师的家庭负担较少，个体适应能力较强，他们追求更高经济收入和社会地位的愿望更强烈，女教师则倾向于稳定的生活，频繁更换工作地点难以照顾家庭，加之城乡工作差异大，生活和工作环境难以适应。因此，农村男教师在社会流动方面具有更高的积极性。

在模型Ⅱ中，年龄变量偏回归系数为-0.715，在1%统计水平上对农村教师流失风险呈显著的负向影响，即年龄越大，教师流失风险越低，初职持续时间越长。该变量的风险比为 0.489，说明在其他条件不变的情况下，年龄每提高一个等级，教师流失风险将下降 51.1%。其主要原因是，年轻教师处于职业发展的探索阶段，他们身体素质好，思想积极，精力充沛，敢于追求，不安于现状。为了追求更高的理想和实现更好的个人发展，往往会表现出更为强烈且明显的流动倾向。而年龄较大的教师由于家庭责任(如照顾年迈的父母和抚养子女)以及年龄、心理等多方面因素，通常更倾向于保持稳定的职业环境，因此其职业流动风险相对偏低。

在模型Ⅱ中，大专文化程度和本科及以上文化程度变量偏回归系数分别为 0.589 和 0.839，在 5%统计水平上对农村教师流失风险呈显著的正向影响，即文化程度越高，教师流失风险也越高。两个变量的风险比分别为 1.802 和 2.314，说明在其他条件不变的情况下，大专文化程度教师流失风险是大专以下文化程度教师的 1.802 倍；本科及以上文化程度教师流失风险是大专以下文化程度教师的 2.314 倍。在当前的就业市场中，高学历、高素质的人才越来越受到社会的青睐，他们拥有较为丰富的职业流动资本和更多的就业机会，如果所在的工作岗位无法满足他们对个人事业发展的期望，他们便倾向于离开，寻求更高的薪酬待遇和更好的职业发展机会。因此文化程度更高的教师职业流动风险更高。而文化程度较低的教师可能由于担心找不到更好的工作或失去工作，而更倾向于留在现有的工作岗位上，因此其职业流动风险相对较低。

在模型Ⅱ中，任教学科变量的偏回归系数为 0.785，在 10%统计水平上，对农村教师流失风险呈显著的正向影响，即主科教师流失风险更高。该变量的风险比为 2.192，说明在其他条件不变的情况下，主科教师流失风险是副科教师的 2.192 倍。其原因是，主科教师承担着学校主要的教育教学任务和课程改革任务，他们通常年富力强并且职业素质高。在学校，他们能凝聚人心，示范教学，并在提高学科教学质量方面起着举足轻重的作用。他们不仅有物质生活方面的追求，还有发挥自己才能，从而实现自身价值的精神生活方面的追求。在追求个人发展和自我实现的过程中遇到阻碍，不能实现个人价值时，或在个人诉求得不到满足的情况下，主科教师可能会选择流动。

在模型Ⅱ中，个人月收入变量偏回归系数为-0.837，在 1%统计水平上对农村教师流失风险呈显著的负向影响，即教师个人月收入越高，教师流失风险越低。该变量的风险比为 0.433，说明在其他条件不变的情况下，个人月收入每提高一个级别，教师流失风险将减少 56.7%。劳动力流动理论认为，劳动力因追求更好的发展和更高的收入，在地区、行业、职业状态、企业乃至工作之间流动。因此，个人月收入越低，教师流动风险越高。

在模型Ⅱ中，是否有编制变量偏回归系数为-1.549，在 5%统计水平上对农村教师流失风险呈显著的负向影响，即无编制教师的流失风险更高。该变量的风险比为 0.212，说明在其他条件不变的情况下，有编制教师流失风险比无编制教师低 78.8%。在农村教育工作中，存在一种身份特殊、处境尴尬的教师，即"代课教师"，相当于其他职业中的"临时工"，没有签订合同，也没有编制保障。在日常教学工作中，代课教师付出了与编制内教师同等甚至更多的努力，但无论是工资水平，还是福利待遇，都无法与正式教师相比。许多代课教师为了转正，在工作中默默无闻、任劳任怨，却始终被编制拒之门外，他们的付出得不到应有的回报，因此他们的流失风险显著高于那些有合同或编制保障的正式教师。

在模型Ⅱ中，教研组长变量偏回归系数为0.807，在5%统计水平上对农村教师流失风险呈显著的正向影响。该变量的风险比为2.241，说明在其他条件不变的情况下，教研组长流失风险是一般教师的2.241倍。其原因在于，教研组长通常年富力强，拥有丰富的教学经验，教学及管理水平较高，往往是学科带头人。他们个人期望高，成就意识强，也更加努力，对学校提供的发展平台和空间具有更高的要求和期待。然而，农村学校总体管理水平和管理效率较为低下，个人成长进程受阻，导致他们缺乏安全感、归属感和自豪感。在当前的农村学校无法满足他们的发展要求时，他们自然会寻求其他途径以谋求更好的发展。

在模型Ⅱ中，是否为骨干教师变量偏回归系数为0.826，在1%统计水平上对农村教师流失风险呈显著的正向影响，即骨干教师流失风险更高，初职持续时间更短。该变量的风险比为2.284，说明在其他条件不变的情况下，骨干教师流失风险是非骨干教师的2.284倍。这主要是因为，骨干教师通常具有高学历、高职称，以及较强的教育教学能力和改革创新意识，他们怀揣着宏伟的理想和不断追求进步的抱负，但农村中小学教学设备相对简陋，工作环境较差，发展空间较小。这种现状制约着骨干教师专业能力的发挥、提升和发展，阻碍了他们自我价值的实现。为了实现自己更大的理想和抱负，获得更符合自身价值的薪资待遇，以及为子女创造更好的生活和学习环境，骨干教师往往会选择流向城市或到更好的学校去工作。

在模型Ⅱ中，任教岗位变量偏回归系数为0.631，在5%统计水平上对农村教师流失风险呈显著的正向影响，即特岗教师流失风险更高。该变量的风险比为1.879，说明在其他条件不变的情况下，特岗教师流失风险是普岗教师的1.879倍。其原因在于：特岗教师工作地点通常离家较远，导致生活不适应；女教师婚嫁困难，可能需要与配偶异地生活；工资待遇偏低，生活压力大；工作时间长，任务繁重；发展空间有限，难以满足自我提升的需求；等等。

回归分析显示，婚姻状况、中级职称、高级职称、是否担任班主任、中层干部、校级领导、教师来源地、承担科研项目级别、是否为支教教师这9个变量对农村教师初职持续时间影响不显著。

2. 家庭因素

在模型Ⅱ中，配偶工作地点变量偏回归系数为-1.346，在1%统计水平上对农村教师流失风险呈显著的负向影响，即配偶在外地工作的教师流失风险更高，初职持续时间更短。该变量的风险比为0.260，说明在其他条件不变的情况下，配偶在本地工作的教师流失风险比配偶在外地工作的教师低74%。其原因在于，配偶的工作地点在一定程度上决定着农村教师的家庭生活状态。对于配偶在外地工作的教师来说，由于夫妻两地分居，他们难以兼顾家庭与工作，对工作、生活都会产生不小的影响。为了照顾老人孩子，以及实现家庭团聚，他们的职业流动风险更高。

在模型Ⅱ中，子女就学状况变量偏回归系数为-0.625，在5%统计水平上对农村教师流失风险呈显著的负向影响，即教师子女就学年段越高，初职持续时间越长，流失率越低。该变量的风险比为0.535，说明在其他条件不变的情况下，子女就学状况每增加一个级别，教师流失风险就会降低46.5%。这主要是因为在中国的传统观念中，子女被视为家庭的核心，很多教师为了确保子女从小接受更好的基础教育，并为未来的发展打下良好的基础，可能会选择转校或离职。

回归分析显示，家庭年收入和家庭关系这2个变量没有通过10%水平的统计检验，不是影响农村教师初职持续时间的重要因素。

3. 学校因素

在模型Ⅱ中，学校性质变量偏回归系数为-1.307，在1%统计水平上对农村教师流失风险呈显著的负向影响，即相较于公办学校教师，民办学校教师的初职持续时间更短，流失风险更高。该变量的风险比为0.271，说明在其他条件不变的情况下，公办学校教师流失风险比民办学校教师低72.9%。其原因在于，民办学校教师不能充分享受与公办学校教师同等的养老保险和医疗保险等社会保障，同时，他们的薪酬福利待遇水平较低，社会认同度也较低，社会地位不高。此外，民办学校教师培训机会少，专业水平难以得到认可，职称评定和晋升渠道不畅通。民办学校教师还面临着较多的教学工作和较大的工作压力，以及紧张的人际关系。这些都是促使民办学校教师频繁流动的重要因素。

在模型Ⅱ中，乡镇学校和乡村学校变量偏回归系数分别为0.643和0.842，分别在1%和5%统计水平上对农村教师流失风险呈显著的正向影响。这两个变量的风险比分别为 1.902 和 2.321，具体地说，在其他条件不变的情况下，乡镇学校教师流失风险是城郊学校教师的 1.902 倍，乡村学校教师流失风险是城郊学校教师的 2.321 倍。根据劳动力迁移的推拉理论，优越的地理位置可以作为一种拉力，吸引劳动者流入，而恶劣的环境则会成为推动劳动力流出的力量，这在一定程度上会导致劳动力的流失。与农村相比，城郊地区交通更为便捷，环境良好，工作生活便利，因此，城郊学校教师流动的推力相对较小。而地处偏远的乡村和乡镇学校，由于交通不便，信息不畅，环境较差，这些因素则成为这些地区教师职业流动的推力。

回归分析显示，学校层次变量对农村教师初职持续时间影响不显著。

4. 工作因素

在模型Ⅱ中，与领导的关系变量偏回归系数为-0.737，在 1%统计水平上对农村教师流失风险呈显著的负向影响，即与领导的关系越融洽，教师初职持续时间越长，流失风险越低。该变量的风险比为 0.479，说明在其他条件不变的情况下，与领导的关系每提高一个级别，教师流失风险将下降 52.1%。这主要是因为，学校领导对于教师职称评聘、专业成长等具有重要甚至是决定性的作用，与领导的关系越融洽，越容易受到领导的器重，在职务晋升、职称评聘等方面就更具有优势，可以获得更多的发展机会，因此教师流失的风险更低。

在模型Ⅱ中，晋升机会变量偏回归系数为-0.926，在 1%统计水平上对农村教师流失风险呈显著的负向影响，即晋升机会越大，教师初职持续时间越长，流失风险越低。该变量的风险比为 0.396，说明在其他条件不变的情况下，晋升机会每提高一个等级，教师流失风险将下降 60.4%。其原因是，晋升能够满足教师自我价值实现的需要，也是对教师工作能力和水平的认可。因此，对于那些渴望得到认可和追求更高职业发展的教师来说，如果长时间得不到晋升，就可能会促使他们产生流动的想法，并期望在流动后得到晋升的机会。

5. 社会因素

在模型Ⅱ中，社会压力变量偏回归系数为 0.594，在 5%统计水平上对农村教师流失风险呈显著的正向影响，即社会压力越大，教师初职持续时间越短，流失风险越高。该变量的风险比为 1.811，说明在其他条件不变的情况下，社会压力每提高一个等级，教师流失风险将增加 81.1%。其原因是，在工作过程中，农村教师承受着多种压力，如学生家长对孩子的宠溺、校领导对成绩的重视、多种价值观对学生的冲击、职业发展前景的不明确、工资福利水平的不足、社会各界对教育的过度关注，以及新课程改革的推行等。这些压力和要求客观上使农村教师感到疲惫不堪，进而导致职业倦怠，表现出更高的流动风险。

在模型Ⅱ中，所任职学校的教师职业流动情况变量偏回归系数为0.803，在1%统计水平上对农村教师流失风险呈显著的正向影响，即任职学校的教师流动越多，教师初职持续时间越短，流失风险越高。该变量的风险比为2.232，说明在其他条件不变的情况下，所任职学校的教师职业流动情况每提高一个等级，教师流失风险将增加123.2%。其原因在于：一方面，受到从众心理的影响，任职学校教师流动越频繁，越会影响到在职教师的教学心态和行为倾向；另一方面，教师流动越频繁，在职教师通过这些流出教师所获得的其他相关就业机会的信息也就越多，因而更倾向于职业流动。

在模型Ⅱ中，城市教师待遇高很多变量偏回归系数为0.583，在5%统计水平上对农村教师流失风险呈显著的正向影响。该变量的风险比为1.791，说明在其他条件不变的情况下，与认为城乡没多大区别的教师相比，认为城市教师待遇高很多的农村教师流失风险将增加79.1%。其原因是，农村教师对城乡教师收入差距的感知，不仅仅是对经济收入差距的感知，更是对社会地位差距的感知。对于农村教师而言，其劳动付出可能更多，并且工作环境相对较差，再加上收入上的较大差距，使农村教师产生强烈的被剥夺感和对教育资源分配的不公平感，从而使其具有更高的职业流动风险。

回归分析显示，城市教师待遇稍微低些、教师收入水平低于本地其他行业同条件人员、教师收入水平高于本地其他行业同条件人员这3个变量没有通过10%水平的统计检验，不是影响农村教师初职持续时间的重要因素。

6. 地区因素

在模型Ⅱ中，地区变量偏回归系数为-0.983，在5%统计水平上对农村教师流失风险具有显著的负向影响。该变量的风险比为0.374，说明在其他条件不变的情况下，福建地区教师流失风险比江西地区教师低62.6%。福建省位于东部沿海地区，经济发展水平较高，在农村教育方面的投入力度也较大，因此农村教师职业流动风险相对更低；江西省处于中部地区，贫困地区较多，地方财力有限，农村教育经费短缺，导致这些地区农村教师工作生活条件艰苦，工作任务繁重，交通、通讯不便，因此教师职业流动风险相对较高。

第 4 章　研究结论及政策建议

本章首先总结基于生存模型分析的实证研究结论,然后根据研究结论,分别从政策层面、学校层面、教师层面和农村环境层面等提出相关对策建议,以促进农村教师有序、合理地流动和义务教育均衡发展。

4.1　研究结论

本研究基于江西、福建 2 省 6 县 18 所农村学校 420 名教师的调查数据,运用生存模型,实证分析了教师个体因素、家庭因素、学校因素、工作因素、社会因素及地区因素等六个方面对农村教师初职持续时间的影响,得到如下结论。

第一,在教师个体因素中,性别、年龄、文化程度、任教学科、个人月收入、是否有编制、在校职务、是否为骨干教师、任教岗位等变量显著影响农村教师初职持续时间。具体而言,女性教师、年龄较大的教师、大专以下文化程度教师、副科教师、个人月收入较高的教师、有编制的教师、一般教师、非骨干教师、普岗农村教师的流失风险更低,初职持续时间更长;而男性教师、年龄较小的教师、大专文化程度教师、本科及以上文化程度教师、主科教师、个人月收入较低的教师、无编制的教师、教研组长、骨干教师、特岗教师流失风险更高,初职持续时间更短。此外,婚姻状况、职称、是否担任班主任、是否任教毕业班、每周课时数、任教年级、任教科目数、任教班级数、教师来源地、健康状况、是否为中国共产党党员、是否从师范院校毕业、承担科研项目级别、是否为支教教师等变量未通过统计检验，表明它们不是农村教师初职持续时间的重要影响因素。

第二，在家庭因素中，配偶工作地点、子女就学状况等变量对农村教师初职持续时间有重要影响。配偶在本地工作的教师、教师子女就学年段越高的教师，初职持续时间更长，流失率更低。配偶在外地工作的教师、教师子女就学学年段越低的教师，初职持续时间更短，流失率更高。而家庭是否有老人需要照顾、家庭年收入、家庭人口数、子女人数、家庭关系、家庭是否有6岁以下儿童这6个变量对农村教师初职持续时间无明显影响。

第三，在学校因素中，学校性质、学校地理位置等变量显著影响农村教师初职持续时间。公办学校、城郊学校教师初职持续时间更长，流失风险更低。民办学校、乡村学校、乡镇学校教师初职持续时间更短，流失风险更高。而学校层次、学校办学规模、学校类别、学校所在地的经济发展水平、学校到县城的距离等变量均不具有显著作用，表明它们不是农村教师初职持续时间的重要影响因素。

第四，在工作因素中，与领导的关系、晋升机会等变量显著影响农村教师初职持续时间。与领导的关系越融洽、晋升机会越大，教师初职持续时间越长，流失风险越低。与领导的关系越不融洽、晋升机会越小，教师初职持续时间越短，流失风险越高。而与同事的关系、与学生的关系等变量没有通过统计检验，表明它们不是农村教师初职持续时间的重要影响因素。

第五，在社会因素中，社会压力、所任职学校的教师职业流动情况、城乡教师待遇差距等变量对农村教师初职持续时间有重要影响。社会压力越小、所任职学校的教师职业流动越少、城乡教师待遇差距越小，教师初职持续时间越长，流失风险越低。社会压力越大、所任职学校的教师职业流动越多、城乡教师待遇差距越大，教师初职持续时间越短，流失风险越高。而职业价值认同、教师对自身职业社会地位的评价、不同行业待遇差距等变量没有通过显著性检验，表明它们不是影响农村教师初职持续时间的重要因素。

第六，在地区因素中，地区变量显著影响农村教师初职持续时间。江西地区教师流失风险显著高于福建地区教师。

4.2 政策建议

本节在实证分析的基础上,针对农村教师初职职业流动行为,分别从政府层面、学校层面、教师层面、农村环境层面提出解决问题的对策与建议,为优化师资结构,实现教育资源的合理配置,建立合理的教师流动渠道,推动我国农村教育事业的繁荣和发展提供客观依据。

4.2.1 政府层面

1. 提高农村教师的职业声望和社会地位

教育、宣传等部门要广泛宣传农村教师扎根乡村、爱岗敬业、无私奉献的高尚精神,形成关心支持农村教师和农村教育的浓厚氛围,增强农村教师职业吸引力。对长期在农村学校工作且做出一定成绩的优秀教师加大表彰和宣传力度,在教育评奖、评优等政策上向农村学校一线教师倾斜,使农村教师在岗位上有幸福感、在事业上有成就感、在社会上有荣誉感。

2. 改善农村教师福利待遇

实证分析结果表明,个人月收入水平对农村教师流失风险呈显著的负向影响,教师个人月收入越高,教师流失风险越低。要稳定农村学校师资,吸引优秀教师到农村学校任教,使优秀教师"下得去、留得住、教得好",关键在于提高农村教师待遇,改善农村教师工作生活条件。各级政府要加大对农村义务教育的财政支持力度,优先满足农村学校改善教学设施设备和办公条件,以及用水用电用厕等生活设施的需求。进一步完善绩效工资制度,将绩效工资分配向贫困地区、革命老区、少数民族地区等条件艰苦的农村教师倾斜。可设立农村教师乡镇工作补贴、农村教师岗位生活补助、农村教师人才津贴、农村班主任工作津贴等农村教师专项津贴,大力提升农村教师工资待遇。各地要结合实际,合理规划并加快农村教师周转房建设,改善农村教师住房条件,保障农村教师安居乐教。

3. 有序推动城乡教师合理流动

在法律法规和制度建设方面，进一步完善城乡教师合理流动机制，促进城乡教育均衡发展。加强教师流动政策实施的环境支持和条件保障，建立和健全教师流动的配套政策体制。各地区要结合实际，不断创新方式方法，深入推进义务教育学校教师校长交流轮岗常态化、制度化，通过定期交流、岗位竞聘交流、学区一体化管理、乡镇中心学校教师走教、设立名师名校长特聘岗等多种途径和方式，推动优秀校长和骨干教师到乡村学校、薄弱学校、村小、教学点任职任教，并发挥他们的示范和引领作用。

4. 拓展农村教师补充渠道

扩大农村教师"特岗计划"和"免费师范生计划"的实施规模，加大音乐、体育、美术、外语、信息技术等师资紧缺薄弱学科教师的招聘力度，进一步优化农村教师队伍结构，重点支持国家级贫困县、连片特困地区等贫困地区补充农村教师。积极与地方高校开展合作，加强本土化农村教师培养，定向委托培养小学全科、初中"一专多能"农村教师。支持县(市)结合农村教师岗位特点，适当放宽招聘条件，简化招聘程序，提高招聘质量，吸引更多人才特别是当地人才到农村任教。充分发挥退休教师的传帮带作用，每年选聘一定数量的城区退休优秀教师、骨干教师、学科带头人到农村学校支教讲学，鼓励社会体育指导员、优秀运动员和艺术工作者开展志愿者农村支教活动。通过教学名师的言传身教，加快提升农村教师的教育教学水平。

5. 建立教师流动补偿机制

教师流入学校应该给予教师流出学校一定的经济补偿，作为教师继续教育的培训基金，资助流出学校培养教师。一方面，从人力资本理论的角度来讲，流出学校为了培养优秀的骨干教师，要花费大量的人力、财力、物力，需要进行大量的人力资本投资。流入优秀教师的学校仅仅支付给教师个人报酬是不够的，作为对优秀人力资源的续用，流入学校应给予流出学校一定的经济补偿，从而为流出学校下一步引入和培养新的骨干力量提供经济保障。另一方面，这可以使流出学校最大限度地避免人才资源流失的损失，流入学校也可以通过正常的途径聘到需要的教师，使教师的"无序流动"纳入到规范有序、有法可依的轨道。这一机制在促进教师合理流动的同时，建立起了公平合理的人才竞争机制，既优化了教师配置，又加强了师资队伍的培养，有利于调动弱势学校培养优秀教师的积极性和主动性，以此来持续推动教育人才的发掘和利用。

4.2.2 学校层面

1. 切实加强农村学校民主管理

学校领导要信任、理解教师，要给予农村教师足够的人文关怀，让教师对学校产生情感，以事业留人、感情留人。要为教师营造民主和谐、宽松愉悦的工作氛围，创造条件让他们施展才能。要采用"以人为本""参与式"的民主管理模式，建立富有人性化的学校管理制度，支持农村教师参与学校管理决策，激发其工作积极性与创造性，从而增强他们的责任感和归属感，使教师的自我价值能够得到实现，进而有助于稳定农村教师队伍，吸引优秀教师到农村学校任教。

2. 关心、支持农村青年教师发展

实证分析结果表明，年龄对农村教师流失风险呈显著的负向影响，年龄越小，教师流失风险越高。青年教师是农村教师队伍的重要组成部分，是农村学校教育改革发展的主力军，他们的成长与发展对农村学校长期可持续发展及农村义务教育质量的提升具有重要影响。学校领导要给予青年教师更多的关心和支持。在工作中，要不断优化农村青年教师发展环境，建立健全青年教师成长的激励机制，大胆任用青年教师，信任、理解青年教师，使他们树立主人翁责任感。同时，为青年教师提供充分展示个人才华、获得成长发展、实现自我价值的机会和舞台。在津贴补助、培养培训、职称评聘、表彰奖励等方面向农村青年教师倾斜，加快农村青年教师成长步伐。在生活上，要妥善解决青年教师子女上学、夫妻两地分居、照顾老人等家庭问题，消除青年教师的后顾之忧，使他们安心服务于农村地区的基础教育事业。

3. 推动教师评价机制的改革和创新

完善重师德、重能力、重业绩、重贡献的考核评价标准，强化农村教师考核工作，探索实行学校、学生、教师和社会等多方参与的教师评价办法，将考核评价结果作为职称评聘、绩效分配、评优奖励、续聘解聘的重要依据。按照向农村倾斜、突出教学、分类评价的原则，完善符合农村教师职业特点的职称

评审条件标准，强调师德素养、注重一线业绩，推行综合评价、动态考核，以促进农村教师专业发展。

4. 建立有效合理的激励机制和竞争机制

建立并完善公平公正的激励机制和竞争机制是提高教师积极性和主动性的有效策略，能使教师体验马斯洛"自我实现"带来的满足感和成就感，对于稳定教师队伍具有积极的影响。在教师的激励机制中，不仅应注意到物质激励、榜样激励和目标激励的重要性，更应当加强和完善精神激励、感情激励、自我激励和条件支持激励，以达到全方位多维度激励教师的目的。

5. 加大农村教师培训力度

加大对教师的培养力度是稳定师资队伍的一项重要举措。创新农村教师专业提升机制，构建全方位、多样化的农村教师培训体系，保障农村教师培训经费投入，确保农村教师培训时间和质量。依据农村教师专业发展阶段特点以及农村教师的实际需求制定相应的培训计划，根据参训教师的年龄层次、专业背景、知识结构、学历水平、工作要求等情况合理设置教师培训内容，提升教师培训的有效性和针对性。加大农村教师教育信息技术应用能力培训力度，引导农村教师适应"互联网+教育"的发展趋势，充分利用网络研修、远程学习、在线课程等形式优化课堂教学，促进自主学习。加强本土教学资源的建设、开发与运用，形成专题资源库，定期组织优质课评选和"微课大赛"等活动。通过各种形式的继续教育和在职培训，不断提高农村教师教育教学能力及综合素质。

6. 逐步完善农村学校的教育资源配置

良好的工作环境能够使教师心情舒畅，促使教师以良好的精神面貌积极投入到工作中，有助于激发教师的工作潜能，并提高工作效率。因此，学校工作环境对教师工作积极性及工作满意度有重要影响。学校应给教师提供一个宽松舒适的教育人文工作环境和生活环境，不断加强学校基础设施建设，进一步改善教学及办公条件。现代社会是一个信息化的社会，信息技术对社会各方面都产生了重要影响。电脑、网络等信息技术有助于农村教师开阔眼界、提高教学水平。农村学校也应进一步加强信息化建设，添置现代化的教学设备，配备充裕的教育教学图书资料、实验仪器、体育器材等，以满足新时期农村教师的教育教学需要。

4.2.3 教师层面

1. 加强教师职业道德教育

要促进教师自觉加强师德修养，提高教师的政治素质和师德水平，让教师模范践行教师职业道德规范。健全师德标兵和师德先进个人表彰机制，培育优良师风。要培养教师爱岗敬业、无私奉献的精神，淡泊名利、坚守教育的信念，刻苦钻研、严谨笃学的态度。促使他们无论是在发达地区还是欠发达地区，无论是在沿海还是内陆，都能安心教育工作，静下心来教书，潜下心来育人。

2. 提升教师自身素质

新时代的教师不仅应该具备良好的师德、渊博的学识，还应跟上时代发展的步伐，具有先进的教育教学理念。这就要求农村教师要与时俱进，通过各种渠道积累知识和培养技能，积极探索新的教育教学方式方法，不断地提升自身素质和教育教学的水平，并充分感受教师职业的责任感、成就感，从而提高工作满意度。

3. 合理规划职业生涯

农村教师要树立职业生涯发展的意识，积极做好职业规划，并明确自己的职业发展路径。职业生涯规划对于农村教师的成长发展具有十分重要的意义。首先，通过职业生涯规划，农村教师能更好地管理自己的职业发展，明确自己的职业目标。这不仅有助于他们深入挖掘自身潜力，更能极大地提高他们的工作积极性和主动性。其次，有效的职业生涯规划能显著提升农村教师的教学效能感、职业成就感和工作满意度。最后，职业生涯规划还能使农村教师对自己的生活充满自信和期盼。当教师对自己的未来有了清晰的规划和期待时，他们会更加有动力和信心去面对生活中的各种挑战。

因此，缺乏职业生涯规划的农村教师很容易陷入职业倦怠的困境。为了个人的成长和职业的发展，农村教师应尽早树立职业生涯发展意识，积极制定并执行自己的职业规划。

4. 增强自身的心理调适能力

实证分析结果表明，社会压力对农村教师流失风险呈显著的正向影响，社会压力越大，教师流失风险越高。农村教师面临多方面的压力，因此需要不断增强心理保健意识，掌握心理调适方法，提升自身的心理调适能力。同时，要有正确的自我评价，对自己的个性、优缺点和价值观等有正确的认识，能给自己合理的目标定位。对自己的认识越深刻，越能有效地缓解工作压力和心理压力。要努力构建良好的人际关系，积极参加社会活动，面对压力时，积极寻求社会支持，多与朋友、家人和同事沟通，获得理解与支持，从而缓解或消除压力。此外，培养广泛的兴趣爱好，积极参加文体娱乐活动，放松身心，调节情绪，做到劳逸结合，以更好地应对工作和生活中的压力。

5. 坚定教育信仰，追求职业幸福

从事一项职业需要热情，只有从内心热爱自己的职业，在工作中才能产生追求成就的动机和欲望，才能获得更多的职业幸福感，否则就会产生职业倦怠。教师职业更是如此。如果一个教师对自己的职业缺乏热情和信心，那么在工作过程中就会出现职业倦怠，甚至背离教师职业。教师要明确对教育真、教育善、教育美的追求目标，不断提升自身的教育认识、教育情感和教育意志。广大教师需要把教师职业当作一项事业来追求，拥有崇高的教育事业信仰，这样才能让教育事业的发展充满动力。

4.2.4 农村环境层面

1. 加快农村软硬环境建设

首先，打造硬环境，加强农村基础设施与环境建设。一是要实现农村基础设施的提档升级，努力使其达到与城市同等标准，具体包括加快公路、水电、物流、信息、广播、公共休闲等设施的建设与完善。二是实现农村互联网，尤其是 5G 网络的全覆盖，提升农村信息化水平，为农村教育的信息化发展奠定坚实基础。三是加强生态乡村建设，充分发掘和利用乡村的独特价值与多元功能，打造绿水青山、秀美宜居的乡村风光，展现异于城市且优于城市的独特风貌，形成城市与乡村各具特色、互补共赢、竞相发展的格局。

其次，提升软环境，升级农村公共服务与生活服务。提升人民群众对公共服务的满意度是民生福祉的重要议题。要形成与城市相媲美的农村格局，升级公共服务与生活服务尤为重要。具体而言，应优化农村学校办学质量、提高农村医疗救助水平、健全农村公共事务管理体制，确保农村教师能够享受到与城市教师均等的公共服务与生活服务。

2. 丰富农村教师文娱生活

丰富农村教师的业余生活，有条件的乡镇可以在周转房中隔出一片区域，装修成健身房、影音室和茶水吧，对于住在村小的教师，及时新增或修补健身器材，并增设茶水吧。学校也应适当组织农村教师参与文体活动，让他们领略乡村田园风光和体验风土人情，以放松心情和陶冶情操。同时，加强乡村绿化建设并注意养护管理，注重向村民宣讲清洁环保的重要性，以打造生态宜居的美丽田园乡村，让教师更愿意留在乡村任教。

参考文献

中文文献

[1] 安晓敏,曹学敏. 谁更愿意留在农村学校任教——基于农村教师流动意愿的调查分析[J]. 湖南师范大学教育科学学报,2017,16(04):12-15.

[2] 白亮,王爽,武芳. 乡村教师发展支持体系研究[J]. 中国教育学刊,2019(01):18-22.

[3] 鲍薪光,于易,李祺. 农村体育教师流失问题的归因及重构——基于空间正义理论的分析[J]. 辽宁体育科技,2021,43(02):87-91.

[4] 蔡春虹,张俊豪. 凭什么流动:乡村教师流动资本变迁研究[J]. 民族教育研究,2019,30(04):107-115.

[5] 蔡健. 教师流动政策的取向:从"被流动"到"要流动"——基于文献的研究[J]. 教育学术月刊,2010(10):47-49.

[6] 蔡明兰. 教师流动:问题与破解——基于安徽省城乡教师流动意愿的调查分析[J]. 教育研究,2011(2):92-97.

[7] 常宝宁,吕国光. 西北贫困地区中小学教师流失意向调查研究——以甘肃省为个案[J]. 教育科学,2006(06):61-64.

[8] 常芳,吴世瑾,刘涵,史耀疆. 农村教师流动率及其影响因素的研究——基于西北农村地区数学教师的追踪数据[J]. 教育与经济,2021,37(05):89-95.

[9] 常亚慧. 教师流动:城乡失衡与学校类型差异[J]. 南京师范大学学报(社会科学版),2021(02):38-48.

[10] 陈坚,陈阳. 我国城乡教师流动失衡的制度分析[J]. 教育发展研究,2008(Z1):34-37.

[11] 陈娟,吴鹏. 城乡一体化背景下教师区域流动体制机制研究[J]. 继续

教育研究，2021(04)：97-100.

[12] 陈俊珂，易静雅. 特岗教师的流动意愿、影响因素与对策研究——基于河南省农村小学的调查[J]. 青少年学刊，2020(04)：59-64.

[13] 陈璐，崔基哲. 浅析中西部农村中小学教师流失问题[J]. 科教导刊(中旬刊)，2019(20)：79-81.

[14] 陈小华，吴汉青. 基于心理契约的教师流动现象分析及对策[J]. 中国电力教育，2009(20)：31-32.

[15] 陈言贵. 农村中小学骨干教师流失现象思考[J]. 当代教育科学，2003(11)：31-33.

[16] 陈永莲. 县域内中小学教师流动及流失意愿研究——基于云南省五个县的抽样调查[D]. 昆明：云南师范大学，2016.

[17] 程凤春. 对中小学教师流失问题的思考[J]. 北京师范大学学报(社会科学版)，1996(02)：15-19.

[18] 程琪，曾文婧，秦玉友. 美国中小学教师流动的特征、影响及应对策略[J]. 外国教育研究，2017，44(12)：39-54.

[19] 戴伟芬，李丹丹. 芝加哥公立学校教师流失的影响因素及对策分析[J]. 湖南师范大学教育科学学报，2011，10(04)：18-21.

[20] 邓艳. 重庆市K区小学教师流动现状调查研究[D]. 重庆：重庆师范大学，2019.

[21] 刁维国，刁益虎. 经济薄弱地区骨干教师流失现象的归因分析与建议——兼论公共教育资源向经济欠发达地区倾斜的政策调节[J]. 经济研究导刊，2009(28)：248-249.

[22] 丁丹. 农村骨干教师流失问题研究——基于公平理论的探讨[J]. 贵州民族大学学报(哲学社会科学版)，2014(05)：183-187.

[23] 丁利民，潘华萍. 循证改进，优化教师流动机制[J]. 上海教育科研，2019(06)：60-65.

[24] 丁龙. K县农村小学教师流动现状探究[D]. 曲阜：曲阜师范大学，2012.

[25] 丁生东. 青海少数民族地区中小学教师队伍流动状况调研报告[J]. 青海师范大学学报(哲学社会科学版)，2012，34(1)：118-122.

[26] 董京京. 农村中小学教师职业流动意愿及其影响因素研究[D]. 武汉：华中农业大学，2010.

[27] 董静，于海波. 印度农村初等教育教师：短缺现状、补充策略及启示[J].

外国教育研究，2014(5)：91-99.

[28] 董燕. 后均衡化时代农村教师单向上位流动的调查研究[D]. 黄冈：黄冈师范学院，2017.

[29] 杜琳娜. 城乡教师交流制度促进农村教师专业发展的优势与限度[J]. 黑龙江高教研究，2014(12)：78-81.

[30] 杜屏，谢瑶. 农村中小学教师工资与流失意愿关系探究[J]. 华东师范大学学报(教育科学版)，2019，37(1)：103-115.

[31] 杜屏，朱菲菲，杜育红. 幼儿教师的流动、流失与工资关系的研究[J]. 教育与经济，2013(06)：59-65.

[32] 杜海明. 甘肃省静宁县农村小学教师流动现状研究[D]. 兰州：西北师范大学，2017.

[33] 杜晓梅，郝春东. 农村地区小学教师流失动因分析与解决对策[J]. 科教导刊，2021(12)：58-60.

[34] 范国锋，王浩文，蓝雷宇. 中小学教师流动意愿及其影响因素研究——基于湖北、江西、河南3省12县的调查[J]. 教育与经济，2015(02)：62-66.

[35] 范莉莉. 解决教师流失的新途径——建立具有教师职业生涯管理导向的管理模式[J]. 教育学术月刊，2010(05)：70-74.

[36] 范先佐，曾新，郭清扬. 义务教育均衡发展与农村中小学教师队伍建设[J]. 教育与经济，2013(06)：36-43.

[37] 方芳，涂磊，陈牛则. 对完善县域义务教育教师流动政策的思考[J]. 湖南第一师范学院学报，2012，12(4)：24-29.

[38] 方征，谢辰."县管校聘"教师流动政策的实施困境与改进[J]. 教育发展研究，2016(8)：72-76.

[39] 冯剑峰. 美国中小学教师流失的特点、原因及其治理[J]. 教师教育研究，2018，30(2)：121-128.

[40] 冯凯瑞，常顺利. 从政策扶持到发展驱动：县中教师流失的致因及治理[J]. 教育科学论坛，2022(25)：59-64.

[41] 冯婉桢，吴建涛. 义务教育教师流动中的自由缺失及其回归[J]. 基础教育，2016(2)：22-24.

[42] 冯文全，夏茂林. 从师资均衡配置看城乡教师流动机制构建[J]. 中国教育学刊，2010(02)：18-21.

[43] 付昌奎，曾文婧. 乡村青年教师何以留任——基于全国18省35县调

查数据的回归分析[J]. 教师教育研究，2019，31(3)：45-51.

[44] 傅王倩, 姚岩. 特岗教师的地域融入与职业倦怠的关系研究——基于全国13省的实证研究[J]. 教育学报，2018(2)：89-96.

[45] 高建伟. 农村学校骨干教师流失问题及应对策略[J]. 教学与管理，2016(22)：21-23.

[46] 高琳然, 于海波, 彭佳. 社会生态视域下乡村义务教育青年教师流动意愿类型与影响因素分析[J]. 教育理论与实践，2023，43(01)：39-45.

[47] 龚继红. 农村教师社会流动意愿的特征及影响因素分析——以湖北省随州市为例[J]. 中国农村观察，2011(01)：73-83.

[48] 顾明远. 教师的职业特点与教师专业化[J]. 教师教育研究，2004(06)：3-6.

[49] 郭玲. 高职院校教师"隐性流失"研究——以青海X学院为例[D]. 西宁：青海师范大学，2013.

[50] 郭凌晨. 日本促进教师流动动机内化的路径——基于自我决定理论的分析[J]. 外国教育研究，2023，50(03)：100-114.

[51] 韩红梅. 北京市合法打工子弟学校教师流动研究[D]. 北京：首都师范大学，2009.

[52] 韩淑萍. 我国教育均衡背景下教师流动问题的研究述评[J]. 教育导刊，2009(01)：10-14.

[53] 郝保伟. 促进教育均衡发展的中小学教师流动研究[M]. 知识产权出版社，2015：44-46.

[54] 郝琦蕾, 李贵琴, 温倩玉, 李瑞. 农村特岗教师流动情况的调查研究——以山西省隰县为例[J]. 教育理论与实践，2018，38(34)：40-43.

[55] 何春月. 城乡一体化视角下县域义务教育阶段教师流动对策研究[D]. 保定：河北大学，2014.

[56] 贺心悦, 谢延龙. 教师流动机制的缺失与建构[J]. 教学与管理，2016(1)：11-12.

[57] 侯齐. 吉林省M县农村民办幼儿教师流失现状调查研究[D]. 四平：吉林师范大学，2018.

[58] 胡乡峰, 于海波. 我国农村教师补充的现实困境与破解思路[J]. 教学与管理，2016(19)：10-13.

[59] 胡艳涛. 民办高校教师流失问题及其管理对策研究[D]. 天津：天津大

学，2005.

[60] 胡莹. 民办幼儿园教师流动现状的个案研究[D]. 长春：东北师范大学，2015.

[61] 黄闯. 新时代乡村教师乡城流动的动因与治理策略[J]. 教育评论，2020(06)：109-113.

[62] 黄东有. 长三角地区农村教师流动问题研究——以嘉兴市为例[J]. 教育理论与实践，2012，32(35)：23-26.

[63] 吉雪松. 试论城乡小学专任教师流动问题[J]. 科教文汇(中旬刊)，2013(35)：11.

[64] 贾建国. 我国教师流动制度创建中的利益冲突及其协调[J]. 教育理论与实践，2010(8)：28-31.

[65] 贾晓静，张学仁. 城镇化进程中农村教师流动问题的归因分析与对策[J]. 继续教育研究，2017(12)：34-36.

[66] 姜培靓. 学区内教师流动机制研究[D]. 上海：华东师范大学，2016.

[67] 金东海，安亚萍，蔺海沣. 特岗计划满意度分析与改进策略[J]. 教学与管理，2014(1)：9-12.

[68] 赖德信. 教师工资差异及其对教师流动的影响分析——以北京市中小学为例[J]. 教师教育学报，2014，1(06)：94-101.

[69] 李爱华，谢延龙. 教师流动伦理的困境与突破[J]. 教育导刊，2014(5)：50-52.

[70] 李炳煌，胡玄. D县农村中小学教师流动成因及对策研究[J]. 当代教育理论与实践，2020，12(03)：22-27.

[71] 李伯玲，孙颖. 论我国农村教师身份变迁的路径及趋势[J]. 当代教育科学，2011(20)：3-7.

[72] 李彩虹，朱志勇. 城乡两界的悬浮者：新生代特岗教师的生活面向与流动趋向研究[J]. 教师教育研究，2023，35(3)：107-114.

[73] 李春鸽. 农村初任教师的流动研究[J]. 黑龙江科学，2018，9(21)：154-155.

[74] 李均. 我国教师资源配置结构性失衡现象考察——兼论当前农村教师队伍建设的制度选择[J]. 深圳大学学报(人文社会科学版)，2008(1)：148-153.

[75] 李明珍. 城镇化背景下农村中学教师流动问题研究[D]. 北京：中央民族大学，2013.

[76] 李虔, 郑磊. 公办和民办学校教师流动现象探析——基于全国抽样调查的混合研究[J]. 华中师范大学学报(人文社会科学版), 2021, 60(04): 176-182.

[77] 李腾云. 娄底市农村义务教育教师流动状况调查及对策研究[D]. 长沙: 国防科技大学, 2006.

[78] 李廷洲, 陆莎, 钱冬明. 我国公办、民办中小学教师流动的主要特征、趋势与政策分析[J]. 教育发展研究, 2020, 40(12): 74-79.

[79] 李文维. 农村地区义务教育教师队伍补充机制问题研究——基于对山西省X县的调查[D]. 重庆: 西南大学, 2013.

[80] 李晓红. 宁夏中学教师流失问题解析[J]. 宁夏大学学报(人文社会科学版), 2007(02): 188-192.

[81] 李星云. 江苏省农村义务教育教师队伍流动的困难与对策研究——以B县为例[J]. 江苏教育学院学报(社会科学), 2011, 27(01): 15-18.

[82] 李杏. 城镇化过程中农村小学教师流失问题研究——以S县为例[D]. 南京: 南京师范大学, 2019.

[83] 李艳丽. 基于马斯洛需要层次理论的农村教师流失问题探究[J]. 忻州师范学院学报, 2013, 29(05): 95-97.

[84] 李跃雪. 城乡义务教育阶段教师流动策略——基于政策合理合法性的视角[J]. 教育观察, 2013, 2(28): 60-63.

[85] 林攀登, 周釜宇. 义务教育阶段教师在线流动路径研究——基于案例的分析[J]. 信阳师范学院学报(哲学社会科学版), 2021, 41(05): 56-62.

[86] 刘畅. 义务教育均衡发展背景下黑龙江省中小学教师流动机制研究[J]. 教育现代化, 2018, 5(43): 101-103.

[87] 刘鸿昌, 徐建平. 民办中小学教师流失的困境与出路探索[J]. 教学与管理, 2011(07): 24-26.

[88] 刘晶. 河北省农村义务教育教师队伍现状、问题与对策[D]. 石家庄: 河北师范大学, 2009.

[89] 刘丽群. 乡村教师如何"下得去"和"留得住": 美国经验与中国启示[J]. 教师教育研究, 2019(1): 124-126.

[90] 刘利香. 农村中小学教师流动现状及策略研究——以山东省W县N镇为例[D]. 扬州: 扬州大学, 2017.

[91] 刘美玉. 海尔80后营销人员流失问题研究[D]. 沈阳: 辽宁大学, 2012.

[92] 刘敏, 石亚兵. 乡村教师流失的动力机制分析与乡土情怀教师的培

养——基于80后"特岗教师"生活史的研究[J]. 当代教育科学, 2016(06): 15-19.

[93] 刘楠. 乡村中小学教师流动现状及影响因素研究[D]. 保定: 河北大学, 2019.

[94] 刘善槐, 史宁中. 教师资源分布特征及其形成——基于我国中部某省小学阶段教师的调查分析[J]. 教育发展研究, 2011(2): 1-5.

[95] 刘小强. 教师流失问题研究前沿述评——学校组织的视角[J]. 比较教育研究, 2019, 41(04): 67-74.

[96] 刘向文. 广东省贫困县义务教育师资流动问题研究——以清新县为例[D]. 广州: 广州大学, 2012.

[97] 刘洋. 县域城乡教育一体化教师流动的现实问题与对策[J]. 科教导刊, 2021(16): 67-69.

[98] 刘义兵, 屠明将. 论少数民族地区农村义务教育教师流动的困境与出路[J]. 教师教育学报, 2016, 3(6): 15-23.

[99] 刘钰琳. B县农村小学教师流失问题研究[D]. 沈阳: 沈阳师范大学, 2022.

[100] 柳燕, 李汉学. 我国农村教师流失问题的主要特征及解决路径分析[J]. 教育导刊, 2021(07): 23-29.

[101] 娄立志, 刘文文. 农村薄弱学校骨干教师的流失与应对[J]. 教师教育研究, 2016, 28(02): 75-80.

[102] 鲁涛, 邓小菊. 湖南省农村幼儿教师流失的原因及对策分析[J]. 新西部, 2017(24): 47-48.

[103] 吕备, 邵凯, 黄伟立. 义务教育阶段"区管校用"教师流动机制研究[J]. 教学与管理, 2018(03): 58-60.

[104] 吕慧平. 农村小学青年教师流失的原因及对策研究[D]. 新乡: 河南师范大学, 2016.

[105] 吕佳. 薄弱学校教师流失问题与对策研究——基于文化的视角[D]. 宁波: 宁波大学, 2010.

[106] 吕天. 文化环境层面的乡村教师流失问题探查[J]. 教学与管理, 2019(32): 6-8.

[107] 卢雯. X公司核心员工流失原因与对策研究[D]. 长沙: 湖南师范大学, 2013.

[108] 罗梦园, 杜静. "县管校聘"政策下教师专业资本的流失与重建[J]. 教

师教育学报，2023，10(4)：110-118.

[109] 罗梦园,张抗抗. ERG 理论视域下乡村教师流动问题审视[J]. 教师教育学报，2020，7(06)：103-109.

[110] 罗正鹏. 新时代中小学教师流动的困境及其应对[J]. 当代教育与文化，2019，11(06)：107-112.

[111] 麻跃辉. 中小学教师流动中权益保障的对策分析[J]. 内蒙古师范大学学报(教育科学版)，2007(06)：27-29.

[112] 马丽华. 农村小学科青年教师专业发展问题及对策[J]. 安徽教育科研，2019(19)：106-107.

[113] 马莉莉. 中西部农村中小学教师流失现状调查及对策研究[J]. 重庆职业技术学院学报，2007(03)：49-51.

[114] 马天香. 县域内义务教育阶段教师制度化流动研究[D]. 烟台：烟台大学，2014.

[115] 马文起. 中部地区农村教师流动的现状分析与对策研究——以河南为例[J]. 河南职业技术师范学院学报(职业教育版)，2008(01)：78-80.

[116] 马用浩,谷莎. 西部地区农村中小学教师社会流动现状调查及分析——以陕西省定边县为例[J]. 宁夏社会科学，2016(02)：124-128.

[117] 毛菊,康晓伟,管廷娥. 基于发展需求与外部支持的农村教师专业发展调查研究[J]. 教育科学，2012(5)：43-47.

[118] 苗春凤. 乡村教师流失问题研究回顾与思考——社会工作制度的引进[J]. 湖北社会科学，2009(02)：162-165.

[119] 倪金元. 优秀教师大量流失是老区教育之殇[J]. 中国老区建设，2013(11)：61.

[120] 欧阳修俊,谢水琴. 我国城乡义务教育教师流动政策的回顾与思考[J]. 教育发展研究，2022，42(04)：68-77.

[121] 庞祯敬,李慧. 成都市中小学教师流动：模式、效应及挑战[J]. 教育理论与实践，2014(29)：13-16.

[122] 彭波. 困境与突破：农村教师流动问题分析与路径选择[J]. 教育导刊，2011，(11)：21-24.

[123] 彭东萍,曾素林. 社会人视角下乡村教师激励之可能与可为[J]. 教育理论与实践，2018(16)：35-39.

[124] 彭礼,周险峰. 基于马斯洛需要层次理论的农村中小学教师流失问题

探究[J]. 湖南第一师范学院学报，2010(5)：27-31.

[125] 彭知琼. 农村学校教师流失的治理[J]. 教学与管理，2019(29)：4-6.

[126] 皮冲，周晓瑞. 教育公平视野下的兰州市城乡教师流动现状及对策思考[J]. 商品与质量，2012(S2)：255.

[127] 蒲大勇，王丽君，杜永红. 农村特岗教师发展状况和生态机制建构——基于四川省的实证调查分析[J]. 教育发展研究，2018(2)：35-47.

[128] 蒲大勇，王丽君，任兴灵. 农村特岗教师"去职"原因及其影响因素的实证研究——以四川省N市为例[J]. 教育测量与评价，2016(2)：35-42.

[129] 蒲敏簪. 西北贫困地区城乡教师流动问题的研究[J]. 兰州教育学院学报，2012，28(02)：155-156.

[130] 钱扬阳. 泰兴市农村小学教师流失现状及对策研究[D]. 南昌：江西师范大学，2018.

[131] 秦立霞，栗洪武. 美国特殊教育教师流失状况分析及其对策研究[J]. 中国特殊教育，2007(07)：66-71.

[132] 邱艺平. 我国县管校聘教师流动政策研究[D]. 佛山：佛山科学技术学院，2018.

[133] 单兴巧. 农村中职学校青年教师流失调研报告[J]. 科技资讯，2020，18(11)：201-202.

[134] 尚晶，刘沧山，赵昊. 普洱市农村中小学教师流动的现状调查及对策分析[J]. 西南农业大学学报(社会科学版)，2012，10(11)：213-215.

[135] 宋辅英. 县域内义务教育阶段教师合理流动机制研究[D]. 西安：陕西师范大学，2010.

[136] 宋庆清. 日本公立中小学教师如何定期流动[J]. 福建教育，2017(3)：30-32.

[137] 苏航. SX建筑集团公司技术人才流失原因及对策研究[D]. 西安：西北大学，2017.

[138] 苏鹏举，张斌，王海福. 新时期我国农村师资流动及流失问题研究[J]. 黑龙江教师发展学院学报，2020，39(07)：29-33.

[139] 苏萍，王艳玲. 昭通市昭阳区教师流动及流失的影响因素分析——基于461位教师的抽样调查[J]. 邵通学院学报，2017(3)：29-34.

[140] 苏文静. 基于教育资源均衡配置的中小学教师流动研究[J]. 当代教育论坛(教学版)，2010(03)：35-37.

[141] 苏燕红. 广西农村幼儿教师流失原因及其对策[J]. 基础教育研究, 2017(13): 36-39.

[142] 邵晓强. 义务教育阶段民办学校教师流失现状分析及对策——基于学校管理的角度[D]. 上海: 华东师范大学, 2008.

[143] 邵泽斌. 流动的教育权: 论我国城乡义务教育的"三元统筹"[J]. 社会科学战线, 2014(08): 214-220.

[144] 沈小碚. 教师均衡流动意向的调查研究[J]. 教师教育学报, 2014(3): 86-93.

[145] 石亚兵. 乡村教师流动的文化动力及其变迁——基于"集体意识"理论的社会学分析[J]. 全球教育展望, 2017, 46(11): 55-66.

[146] 史亚娟. 中小学教师流动存在的问题及其改进对策——基于教育管理制度的视角[J]. 教育研究, 2014(9): 36-41.

[147] 孙凤君. 区域教育均衡发展视域下中学教师流动失衡现象及对策[J]. 教育理论与实践, 2022, 42(23): 21-24.

[148] 孙梅. 农村中小学骨干教师流失现象的原因及对策[J]. 成都大学学报(社会科学版), 2010(03): 122-124.

[149] 孙天慈. 乡村教师队伍建设的政策支持工具研究——基于浙江省舟山市农村学校的实地调研[J]. 当代教育科学, 2018(5): 57-61.

[150] 孙卫红, 武慧多. 中小学体育教师工作满意度与职业幸福感、离职意愿的相关研究——以中小学体育教师为例[J]. 岭南师范学院学报, 2016(3): 103-108.

[151] 孙钰华, 马俊军. 农村教师流失问题的职业锚角度考察[J]. 教育发展研究, 2007(08): 48-51.

[152] 孙忠毅. 农村特岗教师流失问题探究[J]. 西部素质教育, 2018, 4(01): 111-113.

[153] 谭长富, 宋旭. 基于追寻教师幸福感的教师流动的对策研究[J]. 湖南科技大学学报(社会科学版), 2009, 12(02): 111-114.

[154] 谭响芳. 偏远山区农村教师流失问题与对策研究[D]. 广州: 暨南大学, 2017.

[155] 谭有模. 广西农村小学教师流失问题研究[D]. 桂林: 广西师范大学, 2009.

[156] 谭有模. 影响广西农村小学教师流失的因素分析[J]. 教学与管理,

2011(15)：34-35.

[157] 谭诤，韩静溪，周沙. 中小学教师流动意愿影响因素调查研究[J]. 现代中小学教育，2016(12)：109-113.

[158] 唐博. 我国高校教师流动机制研究[D]. 长沙：长沙理工大学，2011.

[159] 唐佳益，王雁. 特殊教育教师职业认同感与离职意向：工作满足感的中介作用[J]. 中国特殊教育，2019(2)：62.

[160] 唐子超，霍翠芳. 坚守与退却：乡村学校教师流动的内涵、困境与出路[J]. 现代教育科学，2022(04)：52-59.

[161] 陶军明，刘红英，樊友平. 欠发达地区农村中小学教师流失的政策学反思——基于中部地区P县的调查[J]. 教育学术月刊，2008(02)：61-63.

[162] 田锐，董犟. 农村中小学教师流动问题分析——以泰安市为个案[J]. 泰安教育学院学报岱宗学刊，2008，12(04)：98-99.

[163] 田友谊，张迪. 民族地区农村特岗教师离职问题的叙事研究[J]. 民族教育研究，2019(1)：76-83.

[164] 屠明将，贺能坤. 西藏农牧区中小学教师流动的特殊性分析——以西藏昌都地区A县和B县为例[J]. 教育理论与实践，2015(5)：28-30.

[165] 万怡. 乡村中青年教师流动的场域、惯习、资本作用机制研究[J]. 教育与经济，2021，37(03)：88-96.

[166] 汪丞. 澳大利亚中小学教师流动管理制度特色透视——以昆士兰州为例[J]. 比较教育研究，2020，42(04)：66-74.

[167] 汪丞，李媛华. 公平与效率：法国中小学教师流动配置保障机制研究[J]. 比较教育研究，2023，45(10)：76-85.

[168] 汪婷玲，殷丽华，王艳玲. 乡村教师流动及流失意愿的调查分析——基于云南省师宗县623位教师的调查[J]. 曲靖师范学院学报，2017(5)：79-85.

[169] 王昌善，贺青梅. 我国县域义务教育学校教师流动制度：现状、问题与对策[J]. 湖南师范大学教育科学学报，2014(5)：5-12.

[170] 王春梅. 我国农村小学教师流失问题及对策研究[D]. 南充：西华师范大学，2018.

[171] 王国明，郑新蓉. 农村教师补充困境的政策与社会学考察[J]. 教师教育研究，2014(4)：41-45.

[172] 王海民. 农村中职校电子专业教师流失成因分析与对策探讨[J]. 科学咨询(科技·管理)，2020(09)：142.

[173] 王焕良, 朱晓琳. 小学教师工作重塑: 流动意愿与工作满意度的影响[J]. 教育学术月刊, 2023(2): 53-59.

[174] 王佳伟. 县域城乡教师流动研究[D]. 扬州: 扬州大学, 2016.

[175] 王嘉毅, 赵明仁. 少数民族地区教师队伍建设的现状、问题与对策研究[J]. 西北民族研究, 2012(1): 29-39.

[176] 王坤, 刘影春. 新时期农村留守儿童教育问题及对策——对全国26省248个村的调查与研究[J]. 教育学术月刊, 2013(9): 52-55.

[177] 王凌霞, 王开琳, 马雪玉. 农村中学教师隐性流失对教育的冲击及其应对[J]. 教学与管理, 2017(04): 12-15.

[178] 王龙, 赵敏华, 徐敬建. 对我国中西部农村中小学教师流失的原因及对策分析[J]. 管理观察, 2009(17): 115.

[179] 王淼. 民族地区农村教师流动特点、成因与对策研究——以湖南通道侗族自治县为例[J]. 民族教育研究, 2014, 25(2): 88-92.

[180] 王明露, 颜庆. 人才流动视域下农村地区教师流动问题研究——基于江西省S县的调查[J]. 林区教学, 2021(01): 102-106.

[181] 王卫. 小学教师轮岗交流制度[D]. 无锡: 江南大学, 2017.

[182] 王文义, 张云领. 农村中学教师流失原因分析及对策[J]. 教学与管理, 2006(30): 34-35.

[183] 王晓芳. 教师城乡合理流动与促进专业发展的策略研究[J]. 中国成人教育, 2018(11): 136-139.

[184] 王晓生, 邬志辉. 乡村教师队伍稳定机制的审视与改进[J]. 教育科学, 2019, 35(06): 71-77.

[185] 王晓洲, 梁荣华. 困境与破局: 韩国教师流动制度的演进历程、优化路径与经验审思[J]. 外国教育研究, 2023, 50(11): 47-59.

[186] 王亚. 民族地区中小学乡村教师流动与流失的现状及治理机制研究——基于阿坝藏族羌族自治州13县1354位教师的调查[J]. 桂林师范高等专科学校学报, 2018, 32(06): 139-146.

[187] 王彦才. 中小学教师流动: 问题及对策——基于海南省中小学教师流动现状的调查分析[J]. 教师教育研究, 2014, 26(02): 28-32.

[188] 王燕. ERG需要理论视域下农村小学教师流失问题研究[J]. 西部素质教育, 2023, 9(19): 119-122.

[189] 王艳玲, 李慧勤. 乡村教师流动及流失意愿的实证分析——基于云南

省的调查[J]. 华东师范大学学报(教育科学版)，2017，35(03)：134-141.

[190] 王艳玲,苏萍,苟顺明. 特岗教师流动及流失意愿的影响因素分析[J]. 教师教育研究，2017(5)：7-13.

[191] 王昭君. 新型城镇化进程中城乡义务教育教师流动一体化机制及构建[J]. 现代教育管理，2019(11)：74-80.

[192] 王志国. 济南市中小学教师合理流动机制研究[D]. 济南：山东师范大学，2005.

[193] 王智强. 财政支持城乡义务教育一体化问题研究[D]. 长春：吉林省委党校，2019.

[194] 魏淑华,宋广文. 教师职业认同与离职意向：工作满意度的中介作用[J]. 心理学探新，2012(6)：564-569.

[195] 魏玮,高有华. 中小学教师流动存在的问题与对策研究[J]. 教育探索，2015(03)：14-16.

[196] 魏晓倩. 乡村青年教师流失的个人——环境匹配理论解释[J]. 教师教育论坛，2012(6)：40-43.

[197] 邬志辉. 城乡教育一体化：问题形态与制度突破[J]. 教育研究，2012(8)：19-24.

[198] 邬志辉. 当前我国城乡义务教育一体化发展的核心问题探讨[J]. 教育发展研究，2012，32(17)：8-13.

[199] 吴春丽. 我国农村教师流失问题研究概述[J]. 科教文汇(上旬刊)，2017(07)：32-33.

[200] 吴吉惠,章义华. 城镇化进程中农村中小学教师流失问题及其破解[J]. 克拉玛依学刊，2015，5(03)：77-79.

[201] 吴金航,蒋兴旺,赵爱荣. 显性结构视域下威宁县幼儿教育专任教师发展研究[J]. 毕节学院学报，2011，29(11)：85-89.

[202] 吴攀. 菏泽市牡丹区农村中小学教师流失问题研究[D]. 济南：山东大学，2017.

[203] 吴璇,王宏方. 日本中小学教师流动的政策体系——基于法律演化的视角[J]. 上海教育科研，2020(04)：48-52.

[204] 吴璇,沈晓敏. 日本教师流动内驱力提升机制研究[J]. 比较教育研究，2022，44(11)：60-68.

[205] 吴杨,李尚群. 农村小微学校全科教师流动干预策略[J]. 教育科学论

坛，2019(13)：60-64.

[206] 吴玉琦. 上海市义务教育学校教师流动现状调查报告[J]. 上海教育科研，2010(07)：13-15.

[207] 吴志华，于兰兰，苏伟丽. 农村教师的流失：问题及解决之策[J]. 教育理论与实践，2011 (10)：3-5.

[208] 吴宗劲，吴梦麒，李维. 撒哈拉以南非洲的教师流失：特征、影响及原因[J]. 外国中小学教育，2019(04)：55-63.

[209] 毋锶锶，刘善槐. 县中教师的流动意愿与稳定对策——基于东部某省33县调查数据的实证分析[J]. 复旦教育论坛，2024，22(1)：22-29.

[210] 席梅红. 论乡村教师流失的合理性——基于公平的理论视角[J]. 上海教育科研，2016(02)：10-13.

[211] 夏茂林，冯文全. 定期轮换制度下流动教师利益补偿机制探讨[J]. 教师教育研究，2011，23(1)：35-42.

[212] 冼秀丽，姚玉佳. 广西农村教师单向流动成因及管理策略探究[J]. 教育教学论坛，2017(28)：36-37.

[213] 项亚光. 当今美国学校教师流动的新动向——基于国家教育统计中心学校教师调查的分析[J]. 外国中小学教育，2008(5)：33-36.

[214] 向忆. 中国高校教师流动模式与图景[D]. 武汉：武汉理工大学，2017.

[215] 肖百惠. 农村教师"向城流动"研究[D]. 南京：南京师范大学，2019.

[216] 肖存娟. 欠发达地区农村教师流失情况调查与反思[J]. 武夷学院学报，2018，37(04)：26-30.

[217] 肖海燕，彭虹斌. 英国中小学教师流失：特征、原因及其应对策略[J]. 比较教育研究，2020，42(04).

[218] 肖瑞欣，张松艳. 乡村教师流动倾向研究——基于H省Y市乡村教师的调研[J]. 黑河学刊，2022(05)：123-128.

[219] 肖桐，邬志辉. 推拉理论视域下特岗教师的去留困境[J]. 教育理论与实践，2018(4)：39-43.

[220] 谢登斌，段苏颖，谢婷. 民族地区义务教育教师合理流动运行机制及实践规制的建构[J]. 广西师范大学学报（哲学社会科学版），2020，56(1)：87-94.

[221] 谢登斌，王昭君. 新型城镇化进程中城乡义务教育教师流动一体化机制及其构建[J]. 现代教育管理，2019(11)：74-80.

[222] 谢华，段兆兵. 农村小学教师流失问题与补充机制研究——基于对安

徽省 S 县部分小学的调查[J]. 教育理论与实践，2011，31(29)：6-8.

[223] 谢丽丽. 教师"逃离"：乡村教育的困境——从 G 县乡村教师考警察说起[J]. 教师教育研究，2016(7)：71-76.

[224] 谢凌凌，龚怡祖，张琼. 关于农村教师流失问题的职业心理考察——基于教师自尊、职业承诺与组织公民行为间关系的分析[J]. 中国农村观察，2011(01)：60-72.

[225] 谢延龙. 我国教师流动制度的困境与出路[J]. 教育发展研究，2015(22)：23-25.

[226] 徐龙. 中小学教师离职现象考察——基于 20 名离职教师的生命历程分析[J]. 教师发展研究，2019(4)：95-108.

[227] 徐龙，唐一山. 农村教师流动的理论误区、现实障碍和未来走向[J]. 西南大学学报(社会科学版)，2023，49(3)：200-210.

[228] 许长青. 新常态下的教师流动与合理配置：基于劳动力市场的分析框架[J]. 现代教育管理，2016(07)：74-81.

[229] 许雅莉，肖园丽. 城乡区域协调发展中乡村教师流动问题研究[J]. 产业与科技论坛，2022，21(23)：64-66.

[230] 徐今雅，王佳. 撒哈拉以南非洲农村教师流失：问题与对策[J]. 外国教育研究，2010，37(12)：46-51.

[231] 徐英杰. 职业心理变化视角下农村教师流失问题研究[J]. 内蒙古师范大学学报(教育科学版)，2017(12)：89-91.

[232] 薛洁馨. 农村中小学教师补充机制研究[D]. 长春：东北师范大学，2013.

[233] 薛正斌，刘新科. 中小学教师流动样态及其合理性标准建构[J]. 陕西师范大学学报(哲学社会科学版)，2011(1)：163-165.

[234] 晏云婷. 当前我国农村义务教育教师流失现象分析[J]. 学理论，2012(35)：247-248.

[235] 杨洁，吴支奎. 学区制背景下教师流动制度的实践路径探析[J]. 教育评论，2017(05)：121-124.

[236] 杨和稳. 西部地区农村教师流失意向影响因素的实证研究——基于甘肃、宁夏、贵州三省的调查[J]. 继续教育研究，2010(02)：86-89.

[237] 杨柳. 教育生态学视阈下农村中小学教师流失问题的探索[J]. 广西社会科学，2016(08)：208-212.

[238] 杨烁星. "区管校用"视域下教师流动政策执行问题探究[J]. 黑龙江教师发展学院学报, 2020(2): 20-22.

[239] 杨文静. 民族自治县义务教育教师流动现状及对策研究——以云南玉溪市新平县为例[D]. 昆明: 云南师范大学, 2013.

[240] 杨旭娇. 特岗教师队伍建设的问题及解决对策[J]. 忻州师范学院学报, 2011, 27(05): 96-97.

[241] 杨旭中. 经济欠发达地区农村中学骨干教师流失的分析[J]. 科技视界, 2013(31): 257.

[242] 杨云霞. 特岗教师队伍建设存在的问题及对策[J]. 宁夏师范学院学报, 2016, 37(1): 152-154.

[243] 杨智慧. 城镇化进程中农村义务教育教师流动存在的问题及解决路径探析[J]. 漯河职业技术学院学报, 2021, 20(04): 99-101.

[244] 姚怡超. 欠发达地区城乡中小学教师流动失衡问题的思考[J]. 现代经济信息, 2020(04): 177-178.

[245] 姚志杰. 关于农村学校青年专业教师流失的原因分析[J]. 亚太教育, 2021(22): 184-186.

[246] 叶菊艳. 从"学校人"到"专业人": 教师流动与教育变革实现的源动力[J]. 全球教育展望, 2014, 43(2): 82-94.

[247] 叶柳. 义务教育阶段城乡教师非合理流动的原因与影响探析[J]. 攀枝花学院学报, 2014, 31(04): 74-77.

[248] 叶晓斌. YT公司人才流失问题研究[D]. 郑州: 河南大学, 2012.

[249] 易连云, 卜越威. 探索与实施"顶岗实习支教"模式促进农村中小学师资更新[J]. 西南大学学报(社会科学版), 2008(2): 113-117.

[250] 殷成伟, 李文, 张淑敏. 学校组织氛围与农村教师流动意愿的关系研究[J]. 基础教育研究, 2019(13): 18-23.

[251] 殷世东. 义务教育阶段教师流动机制的构建[J]. 教育发展研究, 2013(18): 80-84.

[252] 余必健, 谭诤. 城乡教育一体化背景下县域中小学流动教师管理机制探究[J]. 教育与教学研究, 2015, 29(11): 14-18.

[253] 余应鸿, 董德龙, 胡霞. 城乡教师流动及其一体化发展机制研究[J]. 教育理论与实践, 2013(31): 21-24.

[254] 余应鸿, 胡霞. 论农村教师的流失及其应对策略——基于城乡统筹视

角的分析[J]. 教育理论与实践，2014，34(28)：28-31.

[255] 于冰，于海波. 薄弱学校师资问题研究——来自OECD国家的经验与启示[J]. 比较教育研究，2015，37(04)：96-100.

[256] 于冰，于海波，唐恩辉. 农村特岗教师队伍建设存在的问题及其对策——基于中西部6省的调查与分析[J]. 广西社会科，2014(9)：217-220.

[257] 于海波. 城乡教师流动改革的多维审视与路径选择[J]. 东北师大学报(哲学社会科学版)，2017(02)：136-141.

[258] 袁丹，周昆，刘子龙. 去留之间：农村小学全科教师离职倾向研究——以重庆市为例[J]. 中国教育学刊，2020(4)：97-100.

[259] 苑真真. 城镇化进程中农村小学教师流失的原因分析[J]. 教育观察，2020，9(23)：23-25

[260] 臧涵，王晋. 义务教育阶段教师流动政策的发展历程与完善策略探究[J]. 当代教师教育，2018，11(1)：50-54.

[261] 曾练平，何明远，陈静怡. 中小学教师社会支持与离职意向的关系：基于潜变量有调节的中介模型[J]. 贵州师范大学学报(自然科学版)，2018(5)：115-121.

[262] 邹蓉. 城乡义务教育阶段教师优质均衡发展的策略研究——基于长沙市K区教师基本情况的调查分析[J]. 当代教育论坛，2018(1)：13-29.

[263] 邹维. 我国乡村教师流动影响因素的系统性实证文献研究[J]. 当代教师教育，2023，16(3)：49-56.

[264] 章凌. 中美高校教师流动问题的比较研究[D]. 曲阜：曲阜师范大学，2016.

[265] 张碧娴，陈丽君. 教师流动政策的实施困境与对策思考[J]. 职教通讯，2017(4)：69-94.

[266] 张布栋. 构建教师流动机制促进教育均衡发展[D]. 呼和浩特：内蒙古师范大学，2016.

[267] 张成芳，阳德华. 农村贫困地区中小学教师流失问题探索[J]. 理论观察，2006(01)：75-76.

[268] 张和平. 中部地区农村教师流失情况的调查与思考[J]. 江西教育科研，2005(9)：34-36.

[269] 张恒波，杜光友，胡燕，李万虎，孔祥魁. 乡村振兴战略执行中农村中小学体育教师流失应对[J]. 体育科技，2019，40(02)：53-54.

[270] 张佳, 夏美茹. 离开还是留任: 国际教师流动影响因素研究述评[J]. 比较教育学报, 2022(03): 135-151.

[271] 张佳, 叶菊艳, 王健慧. 教师交流轮岗效果及其实现机制——基于三种流动路径的实证分析[J]. 教育学报, 2023, 19(02): 129-143.

[272] 张建雷. 教师流动机制的内在阻抗因素及应对策略[J]. 教育理论与实践, 2011, 31(23): 18-20.

[273] 张军凤, 王云. 教师流动机制的心理分析与创新设计[J]. 天津市教科院学报, 2018(3): 64-67.

[274] 张雷, 李华臣. 城乡义务教育教师流动模式探析——以山东省部分市地为例[J]. 当代教育科学, 2011(7): 33-36.

[275] 张良, 王甜. 21世纪以来我国中小学教师流动研究的热点、趋势及展望[J]. 新疆教育学院学报, 2019(1): 22-28.

[276] 张馨芳. 论农村中小学教师合理流动的实践路径[J]. 当代教育论坛(上半月刊), 2009(07): 81-83.

[277] 张拴云. 农村中小学教师流动成因及对策分析[J]. 教学与管理, 2005(27): 9-10.

[278] 张天雪、朱智刚. 非正式制度规约下教师流动实证分析——以桐庐县为例[J]. 中国教育学刊, 2009(04): 15-18.

[279] 张伟, 蒋伟丽. 农村校长预防教师流失的基本策略[J]. 教学与管理, 2014(01): 26-27.

[280] 张祥明. 农村师资流动问题及对策——基于福建省的调查研究[J]. 中国教育学刊, 2010(07): 9-11.

[281] 张雅妮, 杨梦云, 郑震宇. 乡村青年教师隐性流失之原因探析——基于长春市九台区的实证研究[J]. 教育现代化, 2017, 4(51): 300-301.

[282] 张阳. 城镇化进程中乡村教师流动的合理性透析与现实路径建构[J]. 中国成人教育, 2016(21): 64-65.

[283] 张政艳. 农村中小学教师流失情况的调查研究[D]. 烟台: 鲁东大学, 2012.

[284] 张志杰, 李月莹. 吉林省东南部山区乡村中小学教师流失的现状、动因及影响[J]. 通化师范学院学报, 2019, 40(12): 107-110.

[285] 赵翠琴. 教师践行生成性课堂教学模式的策略[J]. 教育现代化, 2020, 7(06): 176-178.

[286] 赵彤. 农村教师隐性流失对农村教育的冲击及应对策略研究[J]. 新农业, 2021(02): 37-38.

[287] 赵新亮. 提高工资收入能否留住乡村教师——基于五省乡村教师流动意愿的调查[J]. 教育研究, 2019, 40(10): 132-142.

[288] 赵亚利. 教师流动与教育公平的博弈[J]. 教育观察, 2019(18): 3-5.

[289] 赵忠平, 秦玉友. 谁更想离开——机会成本与义务教育教师流动意向的实证研究[J]. 教育与经济, 2016(1): 53-62.

[290] 赵忠平, 秦玉友. 农村小规模学校的师资建设困境与治理思路[J]. 教师教育研究, 2016(6): 34-38.

[291] 赵卓文. 农村中小学教师流失问题及解决路径探析[J]. 新西部(理论版), 2016(10): 126.

[292] 郑梦娜, 阮成武. 县域普通高中教师流失及其治理——基于人力资本理论的分析[J]. 当代教育科学, 2023(5): 66-73.

[293] 郑新蓉, 武晓伟. 我国农村教师队伍建设与支持性政策的思考[J]. 河北师范大学学报(教育科学版), 2014(1): 5-10.

[294] 郑星媛, 柳海民. 以学校结对促流动培养：法国教师教育改革新动向[J]. 比较教育研究, 2022, 49(09): 57-66.

[295] 仲米领. 城乡义务教育教师流动政策常规变迁的问题研究[J]. 教师教育研究, 2020, 32(06): 54-59.

[296] 钟景迅, 柳镁琴. 构建教师合理流动的退出机制——"县管校聘"实施的困境与突破[J]. 教育研究, 2023, 44(10): 137-144.

[297] 钟君. 教师流动视域下西部脱贫地区基础教育高质量发展的进阶模式——基于黔西南个案研究[J]. 当代教育论坛, 2023(06): 30-39.

[298] 周琴. 乡村教师流失的应对路径探析[J]. 林区教学, 2017(08): 116-117.

[299] 周钧. 农村学校教师流动及流失问题研究现状与发展趋势[J]. 教师教育研究, 2015, 27(01): 60-67.

[300] 周兆海. 农村体育教师社会地位变迁及其深层致因——基于改革开放以来的总结与反思[J]. 河北师范大学学报(教育科学版), 2016(2): 89-93.

[301] 朱宾源. 加强农村中小学教师师德建设的思考[J]. 现代教育科学, 2008(02): 98.

[302] 朱满勇. 促进县域义务教育均衡发展的教师流动问题研究[D]. 芜

湖：安徽师范大学，2013.

[303] 朱青. 农村小规模学校教师队伍建设问题与对策[J]. 教学与管理，2017(18)：41-43.

[304] 朱霞. 教师的流动及其适应性问题研究[D]. 上海：上海师范大学，2006.

[305] 朱晓东，张名敏. 我国中小学教师流动的问题及对策——日本教师"定期流动制"的启示[J]. 赣南师范大学学报，2024，45(02)：55-59.

[306] 朱秀红，刘善槐. 乡村青年教师的流动意愿与稳定政策研究[J]. 教育发展研究，2019(20)：37-46.

[307] 朱雪峰，滕晓. 西北欠发达地区县域内城乡教师流动机制的构建：以甘肃省永德县为例[J]. 西北师大学报(社会科学版)，2013(1)：80-85.

英文文献

[1] Chris Torres A. The Uncertainty of High Expectations：How Principals Influence Relational Trust and Teacher Turnover in No Excuses Charter Schools [J]. Journal of School Leadership，2016，26(1)：61-91.

[2] Chris Torres A. Is This Work Sustainable？Teacher Turnover and Perceptions of Workload in Charter Management Organizations[J]. Urban Education，2016，51(8)：891-914.

[3] Okubanjo A O. Organizational Commitment and Job Satisfaction as Determinant of Primary School Teachers Turnover Intention[J]. Higher Education of Social Science，2014，7(1)：173-179.

[4] Al Mahdy Yasser F Hendawy，Alazmi Ayeshah A. Principal Support and Teacher Turnover Intention in Kuwait：Implications for Policymakers[J]. Leadership and Policy in Schools，2023，22(1)：44-59.

[5] Aminu Aliyu Wushishi，Foo Say Fooi，Ramli Basri，Roslen Baki. A Qualitative Study on the Effects of Teacher Attrition[J]. International Journal of Education and Literacy Studies，2014，2(1)：11-16.

[6] Ankhara Dove，Linda. The Deployment and Training of Teachers for Remote Rural Schools in Less-Developed Nations[J]. International Review of Education，1982(28)：121-133.

[7] Bickmore, Sulentic Dowell. Understanding teacher turnover in two charter schools: principal dispositions and practices[J]. International Journal of Leadership in Education, 2019, 22(4): 387-405.

[8] Brewer Dominic. Career Paths and Quit Decisions: Evidence from Teaching[J]. Journal of Labor Economics, 1996, 14(2): 313-39.

[9] Bruce Fuller, Anisah Waite, David Torres Irribarra. Explaining Teacher Turnover: School Cohesion and Intrinsic Motivation in Los Angeles[J]. American Journal of Education, 2016, 122(4): 537-567.

[10] Cara M, Djonko Moore. An exploration of teacher attrition and mobility in high poverty racially segregated schools[J]. Race Ethnicity and Education, 2015, 19(5): 1063-1087.

[11] David Grissmer, Kirby Sheila Nataraj. Teacher Turnover and Teacher Quality[J]. Teachers College Record, 1997, 99(1): 45-56.

[12] Elaine Allensworth, Stephen Ponisciak, Christopher Mazzeo. The School Teachers Leave-Teacher Mobility In Chicago Public Schools[J]. Online Paper Presented at the Annual Meeting of the American Education Research Association, 2009, 17(4): 177-182.

[13] Elyashiv Rinat Arviv. School and District Leaders Talk about Teacher Attrition[J]. Journal of Curriculum and Teaching, 2019, 8(3): 160-176.

[14] Elyashiv Rinat Arviv, Navon Yael. Teacher Attrition: Human Capital and Terms of Employment—Do They Matter?[J]. Education Policy Analysis Archives, 2021, 29(3): 242-266.

[15] Fatsani Thomas Kafumbu. Job Satisfaction and Teacher Turnover Intentions in Malawi: A Quantitative Assessment[J]. International Journal of Educational Reform, 2019, 28(2): 207-226.

[16] Ferguson Ronald. Paying for Public Education: New Evidence on How and Why Money Matters[J]. Harvard Journal on Legislation, 1991, 28(2): 465-498.

[17] Figlio David N. Can Public Schools Buy Better-Qualified Teachers?[J]. Industrial and Labor Relations Review, 2002(4): 78-99.

[18] Gjefsen Hege Marie, Gunnes Trude. How school accountability affects teacher mobility and teacher sorting[J]. Education Economics, 2020, 28(5): 455-473.

[19] Goldhaber Dan, Theobald Roddy. Teacher Attrition and Mobility Over

Time[J]. Educational Researcher, 2022, 51(3): 235-237.

[20] Gonzalez-Escobar M, Silva-Pena I, Gandarillas A P, Kelchtermans G. Teacher turnover in latin america: A literature review[J]. Cadernos de Pesquisa, 2020, 50(176): 592-604.

[21] Gui Gabriela E. Teacher Attrition and School Leaders' Capacity for Leading, Practices and Behaviors—A Comparative Study[J]. European Journal of Social Science Education and Research, 2019, 6(1): 111-122.

[22] Hanushek E A. The Impact of Differential Expenditures on School Performance[J]. Eduational Research, 1989, 18(4): 45-51.

[23] Hanushek E A, Kain J F, Rivkin S G. Why Public Schools LoseTeachers?[J]. Journal of Human Resources, 2004, 29(2): 326-354.

[24] Hwang NaYoung, Fitzpatrick Brian. Male Teacher Assignment and Teacher Turnover in Elementary Schools[J]. Aear Open, 2021, 7(3): 266-278.

[25] Ismail Hussein Amzat, Rawdha Khalfan Rashid Al-Neimi. Teachers' turnover and their job satisfaction at basic education school in some regions in Oman: structural equation modelling approach[J].Int.J. of Management in Education, 2014, 8(1): 78-100.

[26] Jason Grissom A, Brendan Bartanen. Strategic Retention: Principal Effectiveness and Teacher Turnover in Multiple-Measure Teacher Evaluation System[J]. American Educational Research Journal, 2019, 56(2): 514-555.

[27] Jihyun Kim. How Principal Leadership Seems to Affect Early Career Teacher Turnover[J]. American Journal of Education, 2019, 126(1): 101-137.

[28] Kamau Onesmus, Muathe Stephen M A, Wainaina Lawrence. Teacher'turnover intentions: role of hrm practices in public secondary schools in kenya[J]. Cogent Business and Management, 2021, 8(1): 89-112.

[29] Karen Jackson M. Influence Matters: The Link between Principal and Teacher Influence over School Policy and Teacher Turnover[J]. Journal of School Leadership, 2012, 22(5): 875-901.

[30] Katariina Rasanen, Janne Pietarinen, Kirsi Pyhalto, Tiina Soini, Pertti Vaisanen. Why leave the teaching profession? A longitudinal approach to the prevalence and persistence of teacher turnover intentions[J]. Social Psychology of Education: An International Journal, 2020, 23(4): 837-859.

[31] Krzysztof Karbownik. The effects of student composition on teacher turnover: Evidence from an admission reform[J]. Economics of Education Review, 2020, 75(1): 166-181.

[32] LiFeng, Tim R. Sass.Teacher Quality and Teacher Mobility[J]. National Center for Analysis of Longitudinal Data in Education Research, 2011, 2(6): 15-20.

[33] Lixia Qin. Country effects on teacher turnover intention: a multilevel, cross-national analysis[J]. Educational Research for Policy and Practice, 2020, 56(3): 1-27.

[34] Madigan Daniel J, Kim Lisa E. Towards an understanding of teacher attrition: A meta-analysis of burnout, job satisfaction, and teachers' intentions to quit[J]. Teaching and Teacher Education, 2021, 105(5): 266-282.

[35] Matthew Kraft A, William Marinell H, Darrick Shen-Wei Yee. School Organizational Contexts, Teacher Turnover and Student Achievement[J]. American Educational Research Journal, 2016, 53(5): 1411-1449.

[36] Maxwell Kangeol. Statistical Characteristics of the Causes of the Loss of Public Middle School Teachers in Lufwanyama District[J]. Journal of Educational Research and Policies, 2022, 4(3): 281-302.

[37] Minor Elizabeth Covay, Saw Guan K, Frank Kenneth, Schneider Barbara, Torphy Kaitlin T. External Contextual Factors and Teacher Turnover: The Case of Michigan High Schools[J]. Teachers College Record, 2019, 121(11): 1-30.

[38] Scott Norton M. Teacher retention: Reducing costly teacher turnover[J]. Contemporary Education, 1999(3): 35-43.

[39] Murnane, Richard J, Olsen, Randall J. The Effects of Salaries and Opportunity Cost Duration Teaching-Evidence from Michigan[J]. The Review of Economics and Statistics, 1989, 71(2): 142-160.

[40] Nicole Robinson R. Correlations between teacher turnover and specific non-pecuniary school characteristics among secondary band and choral programs in a large urban district[J]. International Journal of Music Education, 2018, 36(2): 270-282.

[41] Rashid Chikoyo A, Gabriel Nzalayaimisi K, Godfrey Telli G. The Influence of Teachers' Education Qualifications on Teacher Attrition in Public Secondary Schools of Kilimanjaro and Manyara Regions, Tanzania[J]. Journal of

Education and Practice,2019,10(33):43-49.

[42] Richard Ingersoll M. Teacher turnover and teacher shortages: An organizational analysis[J]. American Educational Research Journal,2001,38(3):499-534.

[43] Sangyub Ryu,Yusuke Jinnai. Effects of Monetary Incentives on Teacher Turnover: A Longitudinal Analysis[J]. Public Personnel Management,2020,48(3):201-222.

[44] Schonfield I S. Coping with job related stress: the case of teachers[J]. Journal of Occupational Psychology,1990(63):56-77.

[45] Siddiqui Nadia,Shaukat Sadia. Teacher Mobility in Punjab,Pakistan: Stayers and Movers within the Public and Private Schools[J]. Education Sciences,2021,11(7):358-377.

[46] Song Ji,Hoon Martens,Jon McCharen. Multi-Structural Relationships among Organizational Culture,Job Autonomy,and CTE Teacher Turnover Intention[J]. Career and Technical Education Research,2011,36(1):3-26.

[47] Stephane Bonhomme,Gregory Jolivet,Edwin Leuven. School Characteristics and Teacher Turnover: Assessing the Role of Preferences and Opportunities[J]. The Economic Journal,2016,126(594):1342-1371.

[48] Stinebrickner T R. An Analysis of Occupational Change and Departure from the Labor Force: Evidence of the Reasons that Teachers Leave[J]. Journal of Human Resources,2002,37(1):192-216.

[49] Stock Wendy A,Carriere Danielle. Special education funding and teacher turnover[J]. Education Economics,2021,29(5):443-460.

[50] Tuan Nguyen D. Linking School Organizational Characteristics and Teacher Retention: Evidence from Repeated Cross-sectional National Data[J]. Teaching and Teacher Education,2021,97(1):9-10.

[51] Weiss C H. Shared Decision Making about What? A Comparison of Schools with and without Teacher Participation[J]. Teachers College Record,1993,95(1):69-92.

[52] William Everitt. Non-Peruvian teacher attrition in Lima's international school sector: Power,agency and identity[J]. Management in Education,2020,34(2):50-60.

[53] Wronowski Meredith Lea. De-Professionalized and Demoralized：A Framework for Understanding Teacher Turnover in the Accountability Policy ERA[J]. Leadership and Policy in Schools，2020，20(4)：1-31.

[54] Wyatt Janine E，O'Neill Michael. Investigation of early career teacher attrition and the impact of induction programs in Western Australia [J]. International Journal of Educational Research，2021，107(6)：144-162.

[55] Zeitlin Andrew. Teacher Turnover in Rwanda[J]. Journal of African Economies，2021，30(1)：81-102.